Pinochet
Epitafio para un tirano

Pinochet
Epitafio para un tirano

Pablo Azócar

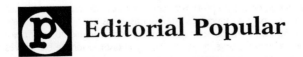

Editorial Popular

Este libro fue publicado originalmente por
Editorial Cuarto Propio
Santiago de Chile

© Pablo Azócar

© De esta edición:
Editorial Popular
C/ Doctor Esquerdo, 173 6 1
28007 Madrid
Tel.: 91 409 35 73 Fax: 91 573 41 73
E-mail: epopular@mail.sendanet.es

Diseño de portada: Marcelo Spotti

D.L.: M-13198-1999
I.S.B.N: 84-7884-202-0

Buscó la perfección en cierto modo
y la poesía que inventó era fácil de entender;
conocía al dedillo la locura del hombre,
le interesaban mucho las flotas, los ejércitos;
si reía, reían los dignos senadores;
si lloraba, morían niños por las calles.

W.H. Auden
Epitafio para un dictador

CUALQUIER ACCIÓN DE RESISTENCIA
DE PARTE DE GRUPOS EXTREMISTAS
OBLIGA A LAS FUERZAS ARMADAS
A ADOPTAR LAS MÁS DRÁSTICAS SANCIONES,
NO SÓLO RESPECTO DE LOS AGRESORES
SINO QUE TAMBIÉN EN CONTRA
DE QUIENES PERMANECEN DETENIDOS
O SOMETIDOS A ARRESTO DOMICILIARIO
Y VIGILANCIA.

LAS FUERZAS ARMADAS
Y DE CARABINEROS SERÁN ENÉRGICAS
EN EL MANTENIMIENTO DEL ORDEN PÚBLICO,
EN BIEN DE LA TRANQUILIDAD
DE TODOS LOS CHILENOS.
POR CADA INOCENTE QUE CAIGA
SERÁN AJUSTICIADOS
DIEZ ELEMENTOS MARXISTAS INDESEABLES,
DE INMEDIATO,
Y CON ARREGLO A LAS DISPOSICIONES
QUE EL CÓDIGO DE JUSTICIA MILITAR
ESTABLECE EN TIEMPO DE GUERRA.

Bando N° 30, Jefatura de Estado de Emergencia,
17 de septiembre de 1973

Indice

Nota preliminar 11

Introducción 13

Capítulo 1
Ni whisky ni sangría 29

Capítulo 2
De burro a teniente 45

Capítulo 3
Padre, galán o emperador 59

Capítulo 4
Un hombre muy formal 81

Capítulo 5
El golpe 95

Capítulo 6
La soledad del poder 127

Capítulo 7
Dejar quisiera / Mi verso 143

Capítulo 8
Un viajero atribulado 159

Capítulo 9
La transición y el blanqueo 181

Epílogo 193

Prensa y libros consultados 199

Nota preliminar

Para la realización de este libro, además de publicaciones y medios de prensa de la época (las fuentes se indican al final), fueron entrevistadas diferentes personas vinculadas de distintos modos, aunque siempre en un plano de intimidad o cercanía, a Pinochet: con esos testimonios se fue configurando un perfil aproximado, ciertos rasgos, ciertas líneas matrices de la personalidad, los cambios y los móviles del hombre y el militar.

Algunas de estas entrevistas datan de 1986. En ese año, la revista *Apsi*, donde trabajaba el autor de este libro, sufrió una nueva clausura. En vista de esa circunstancia, al autor le fue encargada, en colaboración, una investigación periodística sobre Pinochet. El trabajo se prolongó durante tres meses

-el tiempo que duró la censura-, tras lo cual los periodistas volvieron a sus funciones habituales. El resultado fue un texto que no alcanzaba la forma de un libro y del cual circularon clandestinamente algunas partes en ciertos sectores políticos y periodísticos. *Pinochet. Epitafio para un tirano* complementa y actualiza aquel texto.

No pocos de los entrevistados testimoniaron con la condición de que fuera omitido su nombre. Lo inquietante ha sido constatar que, hoy, aquella situación se mantiene: muchos de quienes tratan o trataron a Pinochet sólo aceptan hablar de él sin revelar su identidad. Es todo un síntoma: el miedo no ha terminado.

Introducción

Los militares afirman que en 1973, en Chile, lo que hubo fue una guerra; si fuese cierto, Pinochet sería un criminal de guerra. Pero hasta un niño sabe que aquello no es verdad, y Pinochet, por lo tanto, es lo que es: un criminal a secas.

Este es el personaje del que se ocupa este libro, que aspira a ser una crónica, una suerte de perfil periodístico, escrito con asombro y con ira, y también con prisa, atributo insoslayable (para bien y para mal) de todo periodismo.

Pertenezco a una generación que llegó a la edad adulta cuando el general ya hacía un rato que estaba enquistado en el poder. La fiesta -ese tumulto de sueños, utopías, saña y delirio que nos refirieron los mayores- había terminado; los músicos y los comensales habían partido cascando, o estaban tapados con cal. El liceo, para nosotros, fue casi un regimiento: nos hablaban de orden, de pelo corto, de disciplina, de restricciones, y los lunes, formados en el patio, cantábamos la canción nacional con la estrofa bruja impuesta tras el golpe: *Vuestros nombres valientes soldados...*

Años después, en la universidad -en mi caso, el viejo y apaleado Pedagógico-, fuimos conociendo con horror los pormenores del genocidio, y de golpe supimos que ya éramos adultos, y aprendimos a protestar, y a discurrir resquicios, y a correr cuando había que correr. Más tarde vino el periodismo. Yo quería ser escritor, la mayoría de mis amigos querían ser escritores, pero los tiempos eran lo que eran y durante años no hicimos otra cosa que escribir sobre Pinochet, y luego sobre Pinochet, y más tarde sobre Pinochet.

Qué barbaridad: dos décadas después, todavía seguimos en la letanía de Pinochet.

El general ha vuelto, dijo alguien en estos días. Pero no: la verdad es que Pinochet nunca se fue. Ha estado siempre ahí, como una sombra pertinaz, un ojo enorme y severo que actúa, juzga y sentencia. Con ingenuidad o estupidez, entre 1988 y 1990 (el general había perdido el plebiscito y venían la *alegría y la gente* y el arcoiris: la democracia) alcanzamos a creer que pasaría al olvido. Pero Pinochet jamás se salió de la foto; bajó de peso, pero no perdió un solo gramo de poder. Como si fuera poco,

legitimado con propiedad por las nuevas autoridades -bajo la sibilina coartada del consenso-, se
mandó a hacer a la medida un traje de demócrata.

Se sabe: su sorpresiva detención en Londres dio
vuelta el tablero. Y ahora, ante la inminencia del
cadáver-y de un catafalco, uff, que pesa cada día
más-, Francisco Javier Cuadra[1] y otros cerebros del
régimen militar insisten en la urgencia de *proyectar
Su Obra* (así, con mayúsculas) por los tiempos de
los tiempos y así sea. ¿Qué es esto? ¿Tendremos que
seguir con Pinochet planeando sobre nuestras cabezas aun después de que se haya muerto de viejo o
viejísimo? ¿Pretenden que siga congelado el tiempo, que no crezcamos, que no se acabe jamás este
trago siniestro? ¡Por favor! Rabio como rabio, dice
el lúcido Armando Uribe[2]. ¿O la rabia también es
atributo exclusivo de Pinochet y de sus senadores y
de sus jueces y de sus sicofantes y de sus matones y
de su genial hijo Augustito, y tenemos que resig-
narnos a ser lo que ellos dicen que somos: bestias?

Cuando empezó a escribirse esta crónica, el octogenario militar ya hacía varias semanas que se
hallaba preso en Londres, y era la euforia contenida
y atemorizada de algunos, y el llanto histérico de
otros. A poco andar, sin embargo, otra vez la gente
se estaba saturando con el tema, y hasta sus propios
partidarios empezaban lentamente a olvidarse del
asunto. La verdad: todos nos estábamos cansando.

¿Y entonces? ¿Por qué seguir?

Hay motivos.

Chile es, hoy, el país de la farsa y el esperpento, aunque Eduardo Frei hijo no tenga cómo darse cuenta. Los hampones de la dictadura andan sueltos. Más aún: aparecen diariamente en la prensa hablando de sus nietos y de sus nobles sueños, y dando supuestas lecciones de democracia. Manuel Contreras[3], sicario de sicarios, que dirigió la policía secreta más despiadada de la historia de Chile, pronto terminará sus fugaces vacaciones pagadas en Punta Peuco (cárcel de cinco estrellas diseñada especialmente para él) y saldrá de lo más tranquilo a la calle para trabajar como corredor de propiedades o dirigir alguna empresa de seguridad. Sergio Fernández[4], cuya firma avaló muertes y exilios y prisiones de miles de chilenos, se da el gusto de estar sentado en el Senado, al lado del prócer y pagado por el Estado.

El *fiscal* Fernando Torres[5], acusado en 1986 de participar personalmente en torturas donde se introducían ratas en las bocas de los detenidos, forma parte nada menos que del máximo tribunal del país, la Corte Suprema. ¡Hasta Sergio Arellano Stark[6], que encabezó una de las embestidas más sangrientas de la represión, en el norte del país, ajusticiando *in situ* a decenas de chilenos, hombres y mujeres, jóvenes y viejos, se anda paseando por allí! Sin olvidar a Onofre Jarpa[7], otro que bien baila, ni a Julio Álvaro Corbalán[8], un matón en toda regla, ni a Arredondo[9], Salas Wentzel[10], Odlanier Mena[11], Gordon[12], Krasnoff[13], Leigh[14], Matthei[15], Brady[16], Palacios[17], Romo[18], etcétera, un largo etcétera de responsables mayores y menores.

Y todos, o casi todos, en Chile, como si nada hubiera ocurrido, y ellos de lo más campantes, llamando al orden, recordando preceptos constitucionales y participando en las tertulias de la televisión, donde se repiten una y otra vez las mismas caras de los tiempos de Pinochet, una piedra de Sísifo que vuelve y vuelve a rodar.

En 1991, una comisión presidida por Raúl Rettig[19], integrada por personalidades progresistas y conservadoras, estableció con detalles las circunstancias de la desaparición o muerte violenta de alrededor de tres mil personas durante la dictadura de Pinochet. "Los secuestrados fueron conducidos a los centros clandestinos de detención, sometidos a torturas y, finalmente, si no morían a causa de las lesiones y vejaciones producidas, eran asesinados por sus captores. Los cadáveres eran hechos desaparecer mediante el fuego o la cal, o enterrados en fosas comunes sin identificación alguna". Sin embargo, el solemne y estremecedor informe de la comisión, a pesar de establecer oficialmente los crímenes, no tocó a los criminales, que terminaron amparados una y otra vez por la ley de amnistía legada por la dictadura, a diferencia incluso de la pálida experiencia argentina, donde un informe similar posibilitó en 1984 el juicio y condena de los mandos de mayor jerarquía de las juntas militares.

Más reciente, el texto judicial admitido a trámite por la Audiencia Nacional de España contra Pinochet y otros treinta y ocho altos cargos de su régimen, acusados de genocidio y de crímenes contra la humanidad (un texto conocido de sobra en el exterior, pero escasamente en Chile), señala:

> Instalados mediante la violencia en el poder de facto, los denunciados se propusieron conseguir, de manera sistemática, aunque subrepticia y clandestina, la desaparición de los partidos políticos, sindicatos, asociaciones profesionales y cualesquiera grupos o personas que hubiesen brindado su apoyo al régimen político derribado, procurando la eliminación física de sus integrantes, la detención, tortura, asesinato, encarcelamiento o exilio de miles de ciudadanos, fueran o no miembros de aquellas organizaciones, cuadros sindicales, trabajadores, intelectuales, profesionales, profesores o estudiantes, religiosos o laicos, niños o mujeres, amigos, conocidos o vecinos, y a cualquier persona que ofreciera resistencia a su dictadura o que discrepara de los fines y medios que mediante aquélla habían dispuesto.

> Además de encarcelar sin acusación ni juicio previo a decenas de miles de ciudadanos, carentes de cualquier clase de garantía procesal de defensa, las personas denunciadas, para consumar la eliminación física de los discrepantes, procedieron de manera organizada, jerarquizada, sistemática, sirviéndose de las tropas bajo su mando, así como de los inmuebles, cuarteles, medios materiales, personales y técnicos de las FF.AA. y Carabineros, y prescindiendo de cualquier procedimiento legal, incluso del ordenamiento vigente por ellos impuesto, al allanamiento de los domicilios de miles de ciudadanos, secuestrándolos, sometiéndolos a sofisticados métodos de tortura

para procurar su sufrimiento y forzarles a suministrar información; y finalmente procedieron a quitarles la vida por diferentes procedimientos, de manera que resultase imposible para las víctimas defenderse. Posteriormente, se deshicieron de manera masiva y clandestina de los cadáveres.

En la mayor parte de los casos, las personas denunciadas, y las a ellas subordinadas, se negaron y siguen negándose todavía a dar razón del paradero de las personas secuestradas y posteriormente asesinadas; como consecuencia, gran parte de las víctimas figuran oficialmente, aún hoy, como desaparecidas.

A lo largo de estos años, han sido miles y miles las páginas con testimonios y denuncias, en Chile y en el extranjero. Durante mucho tiempo Pinochet y su pandilla imputaron a maniobras del "comunismo internacional" estas acusaciones. Hoy continúan aferrados en lo mismo, aunque con la notable variante del "complot del socialismo internacional". Pero es el mundo entero el que está horrorizado con los crímenes y es el mundo entero el que ha manifestado su alegría por la detención del general. No olvidemos que la causa fue aprobada por un gobierno español de derechas, que llegó a acusar al gobierno de Frei de "obstrucción a la justicia" por su comportamiento en este caso.

El Parlamento Europeo aprobó también en forma unánime una condena a Pinochet, en septiembre de 1997, y de paso lamentó a su vez "la falta de cooperación de las autoridades chilenas". En mayo de

1997, Estados Unidos inició su colaboración con la justicia española "en el caso por genocidio contra el general Augusto Pinochet, que encabezó la dictadura militar en Chile de 1973 a 1990", dando instrucciones para desclasificar documentos de los archivos secretos de las agencias gubernamentales (CIA, FBI y otros). Después se sumarían, mediante condenas políticas o nuevas presentaciones judiciales, Francia, Suiza, Italia, Bélgica y Holanda, entre otros.

Y en Chile, como quien oye llover. La prensa, en su gran mayoría, informa mal o desinforma. Es un país tan traumatizado por su pasado reciente, tan herido y humillado, que se niega testarudamente a mirar lo que pasó. La respuesta ante el recordatorio universal de estos días sigue siendo la descalificación, la diatriba, cuando no el matonaje o las reflotadas amenazas de muerte. El lúcido libro *Pinochet ante la justicia española*, de Paz Rojas, Víctor Espinoza, Julia Urquieta y Hernán Soto, que presenta con pormenores este proceso judicial , reproduce un editorial del diario español *El País*, del 28 de julio de 1997: "Mientras los testigos hablan y señalan con el dedo a algunos de los responsables, ni un solo parlamentario chileno se ha movido hasta ahora, en un vergonzante contraste con la actitud de denuncia exhibida por diputados españoles o congresistas de Estados Unidos".

Poco después, en septiembre de 1997, Isabel Allende[20] rindió testimonio ante los jueces españoles, y ella misma, junto a un puñado de diputados socialistas, se presentó en Londres en los días en que fallaba la Cámara de los Lores. (Este grupo de parlamentarios ha ejercido la principal y casi única presión política al interior del gobierno en contra de Pinochet; en esta crisis incluso la dirección del vacilante Partido Socialista chileno asumió por fin una postura más decidida, que estuvo al borde de provocar el quiebre de la coalición de gobierno.)

Con todo, eran esperables la reacciones de defensa cerrada de Pinochet por parte de la derecha (con el antecedente de que poco antes había sido aplastado el sector de la derecha más liberal, que tanta falta hace en este país) y de apoyo al enjuiciamiento por parte de la izquierda; pero lo que sorprendió a todos fue la defensa *pasional,* contra viento y marea, emprendida por el gobierno chileno, encarnado en la figura de su canciller, José Miguel Insulza. Éste había declarado en octubre de 1997, antes de que Pinochet fuera detenido: "Nosotros no actuamos ni a favor ni en contra del proceso; nosotros lo ignoramos, no lo seguimos, no lo atendemos, ni tampoco lo criticamos". Un año después, sin embargo, cuando el caso había alcanzado insospechados ribetes internacionales y Pinochet refunfuñaba detrás de unos barrotes, Insulza se transformó en su más apasionado defensor, montando en cólera cuando se le hacían preguntas "impertinentes", haciendo suya la estulticia de la "soberanía" y asegurando que "nadie en sus cabales puede sostener que en Chile no se puede hacer justicia".

¿Justicia? Las estadísticas hablan solas: el 98,9% de los casos por violación de derechos humanos presentados ante los tribunales, en Chile, han sido sobreseídos. ¿Justicia? ¿Alguien puede imaginarse al general Pinochet, no digamos condenado, sino simplemente *juzgado* en Chile, un país donde todavía se omite la palabra *dictadura*, salvo para referirse a otros países? Sin embargo, el canciller Insulza se ganó el apoyo de toda la prensa conservadora-lo cual equivale hoy, casi, a hablar de toda la prensa a secas-, que comenzó a destacarlo como "presidenciable" y que en algunos casos incluso lo eligió como "el hombre del año". Mientras voces de la propia derecha fraguaban la hipótesis de modificar la Constitución para reelegir a Eduardo Frei Ruiz-Tagle como Presidente, el caso del socialista Insulza se plasmaba como síntoma y paradigma: traicionando todo lo que había sido y defendido hasta entonces, era la representación caricaturesca de un país que se había vuelto loco.

Era claro, era increíble: el gobierno democrático chileno no se había presentado en Londres ni ante el mundo para defender a las miles de víctimas de una dictadura atroz; se había puesto de pie, con toda su fuerza, para defender al victimario.

P.A.

Enero, 1999

NOTAS

1   Francisco Javier Cuadra fue ministro Secretario General de Gobierno del régimen militar entre noviembre de 1984 y julio de 1987. Luego fue embajador ante el Vaticano durante casi tres años. Nacido en 1954, se recibió de abogado en la Universidad Católica de Chile. En 1968, presidió la Juventud Nacional de Rancagua (organismo juvenil del Partido Nacional, que representaba a la derecha). Ha colaborado con el grupo ultraconservador Tradición, Familia y Propiedad (FIDUCIA); también son conocidas sus vinculaciones con el Opus Dei. Al momento de integrarse al gabinete de Pinochet, con treinta años de edad, encarnó un cambio de imagen que fortalecía los valores más conservadores de la Iglesia Católica y del neoliberalismo. Considerado uno de los colaboradores más cercanos de Pinochet -es visto por algunos como su delfín-, se desempeña en la actualidad como analista político. (Para detalles, véase *Los hijos de Pinochet*, de Iván Cabezas y Víctor Osorio).

2   Armando Uribe, notable poeta y ensayista chileno, fue profesor titular de la Universidad de París I (Sorbonne) en Ciencias Políticas y Derecho Público. Fue Profesor de Derecho de Minería en la Universidad de Chile. Es miembro de número de la Academia Chilena de la Lengua. Ha sido una de las pocas voces críticas durante la actual transición. Últimamente ha publicado *Carta abierta a Patricio Aylwin* y, junto a Miguel Vicuña, *El accidente Pinochet*.

3   Manuel Contreras, como coronel (luego general de Ejército), estuvo a cargo de la Dirección de Inteligencia Nacional (DINA), desde su creación en diciembre de 1973 hasta su transformación, en agosto de 1977, en la Central Nacional de Informaciones (CNI). Contreras fue destituido a raíz de las presiones internas y externas derivadas del asesinato en Washington, en septiembre de 1976, de Orlando Letelier (canciller y ministro de Defensa de Salvador Allende). Por este crimen, en mayo de 1995, Contreras fue condenado en Chile a siete años de cárcel. El asesinato de Letelier fue investigado, aclarado y pudo dictarse sentencia, por tratarse de un caso explícitamente excluido de la ley de amnistía (Decreto Ley N° 2.191, publicado en el Diario Oficial el 19 de abril de 1978), debido a la presión de Estados Unidos. Contreras integra la lista de treinta y ocho personas, además de Augusto Pinochet, sobre las cuales pesa una petición de búsqueda y captura, en

virtud de la querella que se presentó en España por los delitos de genocidio, terrorismo, torturas y detención ilegal seguida de desaparición.

4 Sergio Fernández fue ministro del Trabajo (marzo de 1976-enero de 1978) y dos veces ministro del Interior durante el gobierno de Pinochet (abril de 1980-abril de 1982 y julio de 1987-octubre de 1988). Además, ocupó el cargo de Contralor General de la República entre enero y abril de 1978. Hijo de un español republicano, en su juventud fue militante de la Juventud Socialista y del Frente de Acción Popular (FRAP), organización que reunía a los partidos de la izquierda chilena a mediados de los años sesenta. En la época de la Unidad Popular (1970-1973) trabajó como abogado en Radio Magallanes, de propiedad del Partido Comunista (PC). Sin embargo, después del golpe de estado se desempeñó como abogado en la Caja Bancaria de Pensiones, donde llegó a ser gerente; renunció en 1975 y se incorporó a un estudio jurídico vinculado a los *Chicago boys* e integró la Comisión de Reforma Previsional. Como ministro del Trabajo desmanteló las débiles estructuras de protección laboral que había mantenido el propio régimen militar. Como ministro del Interior fue particularmente duro con los opositores y el impulsor de la elaboración de listas de miles chilenos con prohibición de ingreso al país, en cuyos pasaportes se estampaba una "L" como signo de que no podían retornar a Chile. Terminada la dictadura, fue designado "Senador Institucional" para el período 1989-1997 en virtud de la Constitución del 80; con el apoyo de la derecha, fue reelegido como senador en las urnas para un nuevo período (1997-2005). (Para detalles, véase *Los hijos de Pinochet*, op. cit.) Sergio Férnandez integra la lista de los treinta y ocho requeridos junto a Pinochet.

5 El general Fernando Torres Silva, como auditor general del Ejército, estuvo a cargo de muchos de los casos donde intervino la justicia militar en el procesamiento y condena de opositores a Pinochet. Era la justicia militar, y no la civil, la que llevaba adelante los procesos contra los disidentes cuando el régimen estimaba que habían sido afectadas las Fuerzas Armadas. Está en la lista de los treinta y ocho requeridos junto a Pinochet.

6 Sergio Arellano Stark, general de Ejército, fue uno de los principales instigadores del golpe de estado del 11 de septiembre de 1973. Asimismo, actuando en calidad de "Oficial

Delegado" del Comandante en Jefe (Pinochet) y de la Junta de Gobierno, encabezó en octubre de 1973 la llamada "Caravana de la Muerte", la cual procedió a la ejecución sumaria de setenta y dos personas en diversas ciudades. Las víctimas se habían entregado voluntariamente luego de ser requeridas por un bando militar, o bien no habían opuesto resistencia a su arresto. Arellano Stark niega su responsabilidad en los hechos y, debido a la ley de amnistía, las querellas presentadas en su contra no han prosperado. (Para detalles, véase *Los zarpazos del puma* de Patricia Verdugo). Está en la lista de los treinta y ocho requeridos junto a Pinochet.

7   Sergio Onofre Jarpa fue ministro del Interior del régimen de Pinochet entre agosto de 1983 y febrero de 1985, el período más intenso de las masivas protestas nacionales, que fueron sistemática y brutalmente reprimidas por tropas militares. Agricultor y connotado dirigente de la derecha por más de treinta años, ha sido senador antes y después del régimen militar. Está en la lista de los treinta y ocho requeridos junto a Pinochet.

8   Julio Álvaro Corbalán encabezó la Brigada Operativa de la CNI cuando era mayor de Ejército. Fue declarado reo por el asesinato en junio de 1987 de doce miembros del Frente Patriótico Manuel Rodríguez (FPMR) -grupo armado originalmente vinculado al Partido Comunista-, en la denominada *Operación Albania*. Está en la lista de los treinta y ocho requeridos junto a Pinochet.

9   Sergio Arredondo integró, como coronel del Ejército, la "Caravana de la Muerte". En la época era Jefe del Estado Mayor del general Arellano Stark. Se le acusa de haber participado personalmente en los interrogatorios de los detenidos, y de haber ordenado las ejecuciones y la sepultura clandestina de algunos de ellos. En esos mismos días Pinochet le comunicó su nombramiento como director de la Escuela de Caballería. Entre 1976 y 1978 fue agregado militar en Brasil; amigo y compañero de curso de Manuel Contreras, se presume que fue el jefe de la DINA en Brasil y un personaje importante en las actividades de su brazo exterior (*Los zarpazos del puma*, op. cit.). Está en la lista de los treinta y ocho requeridos junto a Pinochet.

10   Hugo Salas Wentzel, como general de Ejército, fue director de la CNI en los últimos años del régimen militar. Está en la lista de los treinta y ocho requeridos junto a Pinochet.

11   El general de Ejército Odlanier Mena estuvo a cargo de la CNI entre agosto de 1977 y julio de 1980. Integra la lista de los treinta y ocho requeridos junto a Pinochet.

12   El general Humberto Gordon fue el sucesor de Odlanier Mena en la CNI. Está en la lista de los treinta y ocho requeridos junto a Pinochet.

13   Miguel Krasnoff, capitán de Ejército, fue un activo miembro de la DINA. Encabezó la Unidad Águila, dedicada a la persecución, detención y aniquilamiento de los militantes del Movimiento de Izquierda Revolucionaria (MIR). Estuvo a cargo del operativo del 5 de octubre de 1974 en el que fue acribillado Miguel Enríquez. Integra la lista de los treinta y ocho requeridos junto a Pinochet.

14   Gustavo Leigh fue uno de los principales inspiradores del golpe de estado. Comandante en Jefe de la Fuerza Aérea de Chile (FACh) desde el 18 de agosto de 1973, fue uno de los cuatro integrantes de la primera Junta de Gobierno instaurada el 11 de septiembre de 1973. Sus crecientes discrepancias con Pinochet culminaron en su destitución el 24 de julio de 1978. Está en la lista de los treinta y ocho requeridos junto a Pinochet.

15   Fernando Matthei fue el sucesor de Gustavo Leigh en el mando de la FACh y en la Junta Militar. Al momento de su nombramiento, en julio de 1978, era la décima antigüedad, lo cual significó el paso a retiro de otros ocho generales que solidarizaron con Leigh. Está en la lista de los treinta y ocho requeridos junto a Pinochet.

16   El general Herman Brady fue uno de los organizadores del golpe de estado. En esa fecha dirigía la Academia de Guerra. Está en la lista de los treinta y ocho requeridos junto a Pinochet.

17   El general de Ejército Javier Palacios fue también instigador del golpe de estado. Es conocido por haber dirigido las tropas que ingresaron el 11 de septiembre al palacio de La Moneda y haber sido quien se hizo cargo de la situación una vez que se fue descubierto el cadáver del Presidente Salvador Allende. Está en la lista de los treinta y ocho requeridos jun to a Pinochet.

18   Osvaldo Romo, tras haber sido un dirigente poblacional ligado a la izquierda durante el gobierno de la Unidad Popular, se

convirtió en un activo colaborador de los organismos represivos. Pertenecía a la Unidad Águila de la DINA, fue reconocido por numerosas víctimas como torturador. Aunque no ha sido condenado, amparado por la ley de amnistía, en la actualidad se encuentra detenido y sometido a proceso.

19   Raúl Rettig, destacado jurista chileno, presidió la Comisión Verdad y Reconciliación, encargada de investigar la violación de los derechos humanos en Chile durante el régimen de Pinochet. Esta comisión emitió lo que se conoce como el Informe Rettig, que da cuenta de las personas ejecutadas y desaparecidas, sin incorporar otras violaciones a los derechos humanos (como tortura, detenciones arbitrarias, expulsión forzada del país, tratos crueles y degradantes) ni señalar responsables, sean personas o instituciones.

20   Diputada del Partido Socialista (PS), hija del Presidente Salvador Allende.

Capítulo 1
Ni whisky ni sangría

Aquella noche, al salir de un sueño agitado, Augusto Pinochet se encontró en su cama convertido en un auténtico escarabajo. *The Clinic* no estaba preparada para tamaño acontecimiento, y Pinochet no había leído a Kafka. A los pies de su lecho hospitalario no había médicos, ni estaba la rubicunda enfermera del turno de la noche, y ni siquiera se divisaban sus guardaespaldas, esas sombras. Recién operado, con dolores, embotado todavía por los fármacos, tal vez Pinochet creyó que seguía durmiendo y que se trataba de un mal sueño. Pero no: al frente suyo tenía a varios agentes de la Scotland Yard. Con modos ásperos y escuetos, le hicieron dos o tres preguntas y le comunicaron que estaba detenido. Dicen que Pinochet balbuceó algo ininteligible, que abrió incrédulo los ojos y miró a su alrededor. Dicen que en los aparatos clínicos quedó registrada la súbita y violenta alteración de sus signos vitales.

En Chile fue el piso entero el que se movió con la misma violencia. La plácida transición de los consensos forzados se quitaba por fin el antifaz y se la descubría no tan plácida ni consensual. Iban y venían exabruptos y reyertas. Los partidarios de Pinochet reaccionaban emocionalmente, desgarrados e incrédulos, al constatar por primera vez en la vida la vulnerabilidad de su ídolo, narcotizado, balbuceando quejas, encerrado, sin entender una gota de inglés. Ya en esos primeros días comenzaron las manifestaciones y quemas de banderas ante las embajadas, con jaculatorias como "¡ingleses, piratas, devuélvannos al tata!", o "¡Pinochet, CNI, salvadores del país!".

Los senadores de derecha llegaron a abandonar durante varios días sus funciones con el argumento de que "el país no va a funcionar mientras haya un senador secuestrado"; más tarde se dieron cuenta del absurdo y volvieron cabizbajos a sus puestos. Los fanáticos del general recordaban hasta el hartazgo el dolor que les estaban provocando la "pérdida de la soberanía", el "vejamen", la "violación de la dignidad nacional" o la "confabulación orquestada por la izquierda internacional". Jorge Martínez Busch[1] fue quizá el primero en desempolvar el viejo lenguaje pinochetista cuando fustigó a los "malos chilenos" y a los "enemigos de la

---

1   Jorge Martínez Busch, ex almirante de la Armada (Marina), es senador-designado desde 1997; es decir, no elegido por votación popular sino en virtud de la Constitución de 1980, que establece la calidad de senadores de los ex Comandantes en Jefe de las FF.AA.

patria". Evelyn Matthei[2] increpó con elegancia desde una ventana a manifestantes que celebraban la prisión de Pinochet:

-¡Cállense, comunistas de mierda!

E1 diputado derechista Julio Dittborn aventuró una explicación para tanto fervor patrio: "En política hay que actuar con la emoción", dijo, encogiendo los hombros. Y entre tanta emoción de pronto Chile hacía recordar sospechosamente a la Italia de Mussolini, con musculitos y camisas negras incluidas. Medio millar de jóvenes de civil se paseaban amenazantes por las principales arterias del barrio

2   Evelyn Matthei, senadora derechista, es hija de Fernando Matthei. Estudió economía en la Universidad Católica, donde se tituló de Ingeniero Comercial. Antes de ingresar en la política, trabajó en la Comisión Económica para América Latina y el Caribe (CEPAL). Durante algunos años apareció representando las posiciones más moderadas dentro de la derecha, abierta al diálogo con los sectores opositores a Pinochet. En la elección presidencial de 1993 surgió como una posible candidata. Luego de un turbio incidente donde estuvo comprometida en el espionaje telefónico a otro de los candidatos de su mismo bando (Sebastián Piñera), debió renunciar a sus aspiraciones presidenciales. Entonces experimentó un sorprendente giro hacia las más duras posiciones de derecha. En la actualidad milita en la Unión Demócrata Independiente (UDI), el partido más pinochetista. La mayoría de sus dirigentes están estrechamente ligados al Opus Dei. La UDI tiene un importante apoyo en algunas comunas populares, que obtuvo gracias a su participación en municipalidades en la época de Pinochet, quien designaba personalmente a los alcaldes. Hoy representa a alrededor del 10 por ciento del electorado. El origen de la UDI se remonta al gremialismo católico ultraconservador de fines de los años sesenta, liderado por Jaime Guzmán, quien fue el principal ideólogo de la dictadura y el cerebro de la Constitución de Pinochet de 1980. Siendo senador de la UDI, fue asesinado en abril de 1991 en una emboscada callejera llevada a cabo por un comando del FPMR.

alto dispuestos a "restaurar el honor patrio a cualquier costo".

La Juventud Hitleriana de Chile, encabezada por Juan Pablo Delgado, declaró a la prensa que estaba realizando gestiones para que sus "camaradas" de Alemania, Inglaterra y España iniciaran una campaña "universal" de protestas por la detención del senador vitalicio. En forma de purulencias y de chancros campeaba la violencia, a veces llegando a la caricatura. Las concejalas de derecha de la comuna de La Reina revivieron a un país inexistente al acusar solemnemente al bloque socialista de "depender del colonialismo de la Unión Soviética". Iván Moreira[3] inició una huelga de hambre con el lema "el Amor a la Patria es más fuerte", pero a los tres días le dio apetito o se aburrió. Aparecieron camisetas de lino con la leyenda *I love Pinochet*. Jovino Novoa[4] afirmó de lo más serio que "si la izquierda quiere hacer una especie de juzgamiento popular, los vamos a enfrentar". Francisco Javier Errázuriz[5] calificó la detención del senador vitalicio

3   Iván Moreira es diputado de la UDI, conocido por su fanatismo pinochetista.

4   Jovino Novoa es senador de la UDI. Fue uno de los artífices de la campaña del terror de 1970, destinada a impedir la elección de Salvador Allende.

5   Francisco Javier Errázuriz es empresario, senador y principal dirigente de la Unión de Centro-Centro Progresista (UCCP), pequeño partido de la derecha con un discurso marcadamente populista, y financiado personalmente por su líder. Errázuriz se ha visto envuelto en múltiples querellas relacionadas con su peculiar comportamiento en materias económicas. En la actualidad se encuentra privado de su fuero parlamentario debido a un litigio con ENDESA (la principal empresa de energía eléctrica del país).

como "un complot fraguado en las sombras por las fuerzas aún activas del marxismo internacional".

Alberto Espina[6] -que hasta entonces había pretendido encarnar a la derecha moderada afirmó que la detención de Pinochet era "la experiencia más increíble y salvaje que me ha tocado vivir", y anunció una querella contra el juez español Baltasar Garzón.

-¿Una querella por qué?-le preguntó un periodista.

-Ya veremos -respondió-. Pedí a un estudio de abogados un informe.

Otro periodista le lanzó sobre la marcha que "hay gente que ha calificado a la derecha de sediciosa, de llamar a incendiar el país". Espina, como si nada, se limitó a responder:

-Voy a decir una cosa muy clara: ¡se nos está acabando la paciencia con los socialistas!

---

6   Alberto Espina es diputado y presidente de Renovación Nacional (RN), el otro partido importante de la derecha, con una representación electoral similar a la de la UDI. (alrededor del diez por ciento). Tiene un fuerte apoyo en los sectores empresariales y en las comunas de ingresos medio-altos En RN conviven sectores que se autodenominan liberales con otros más pinochetistas provenientes de grupos nacionalistas. La pugna interna entre ambos bandos reaparece una y otra vez, dependiendo de la coyuntura política. Sin embargo, la detención de Pinochet en Londres provocó en Espina un sorprendente viraje político: dejó de lado su postura moderada para alinearse ciegamente en la defensa del dictador.

El segundo golpe vino cuarenta días después, el 25 de noviembre de 1998, en otro recinto hospitalario londinense, el Grovelands Priory Hospital. Pinochet celebraba su cumpleaños y aguardaba la inminente liberación. Vestía de impecable terno y corbata; ya había enviado sus maletas al aeropuerto; un avión de la FACh lo aguardaba con los motores en marcha; en los portales internos del hospital estaban listas la ambulancia y la escolta de carros policiales que lo conducirían hasta el aeropuerto militar. No eran los únicos que lo estaban esperando: en las afueras, centenares de manifestantes, políticos y periodistas habían soportado verdaderas vigilias para estar ahí, en primera fila. También en Santiago de Chile la atmósfera estaba caldeada, las calles se habían llenado de gritos, consignas, desorden, y asomaba en la trastienda un viejo fantasma que se había creído erradicado: la violencia, el odio.

Todos los cuarteles generales se hallaban en máxima alerta. Se sucedían las reuniones, los cónclaves y las conferencias de prensa. La Fundación Pinochet[7] había organizado una fiesta para dos mil invitados, con una torta gigante y show y fuegos de artificio, que festejaría el retorno y el cumpleaños número ochenta y tres del general retirado. Pero la impasible Cámara de los Lores, en esa primera votación, con el peso de la historia sobre los hombros, cambió otra vez el rumbo de las cosas: por tres

---

7   Institución creada para preservar el *legado* de Pinochet. Está conformada por civiles y ex integrantes de las Fuerzas Armadas.

votos contra dos, estableció que Pinochet no tenía inmunidad. O sea: debía continuar preso y ser juzgado por genocidio y crímenes contra la humanidad. Dicen que Pinochet se enteró a través de una intérprete que le leyó en su habitación el dictamen oficial. Dicen que, negándose a creer lo que estaba ocurriendo, le imploró a la mujer que le leyera nuevamente el fallo. Y entonces lloró.

Santiago fue, ahora sí, una batahola de estupor, algarabía, llantos, histeria. Miles se volcaron a las calles, eufóricos, algunos disfrazados como lores. Otros estaban lívidos, descompuestos. El hijo mayor de Pinochet, Augustito, con un aspecto asombrosamente parecido al de su padre en 1973, aunque sin ese bigotillo recortado, se presentó ante las cámaras con la mandíbula desencajada, se salió del libreto y escupió, entre gallitos de furia, la pena honda de "un corazón destrozado, porque mi padre ha recibido este golpe el día de su cumpleaños, con un sadismo y una crueldad que van más allá de las condiciones reales de los derechos del hombre".

-¡Pero ésta es sólo una batalla, no la guerra! -bramó, mientras las admiradoras del general le gritaban entre espasmos de llanto y desesperación: "¡Qué hacemos, Augusto, qué hacemos, guíanos tú!"

Dos semanas después, cuando Pinochet padecía el bochorno de estar siendo expulsado del Grovelands Hospital, Augustito remató su performance al declarar que los fusilamientos que ordenó su padre habían sido justos, "porque no se trataba de personas, sino de bestias".

Algo había de patético. Algo había de tragedia griega. Aquí y allá estallaban batallas y batallitas variopintas. Aquel día, en la Fundación Pinochet, los enardecidos seguidores del ex dictador las emprendieron con puños y patadas contra los periodistas y camarógrafos presentes -incluyendo a aquellos de los medios más conservadores-, a quienes culparon de distorsionar la información y producir el fallo adverso. En el centro de la ciudad debieron salir una vez más los carros policiales. En la avenida Apoquindo fue incendiado el automóvil de uno que quería celebrar. Resonaron las sirenas.

Grupos de jóvenes y dueñas de casa armadas de cacerolas volvieron a atacar las sedes diplomáticas de España y Gran Bretaña con una bulliciosa artillería de huevos, piedras y diatribas. Quemaron banderas, paralizaron el tránsito. Amenazantes camionetas con mozalbetes grandotes como auténticos armarios empezaron a pasearse por la ciudad enarbolando banderas con esa especie de swástica de la organización ultraderechista Patria y Libertad. "Amamos al general que nos liberó del comunismo y estamos dispuestos a todo para liberarlo ahora nosotros a él", proclamaron, mientras otros grupos espontáneos de chilenos dolidos gritaban slogans como "¡Olé olé, / olé olá, / si no sueltan al Tata / dejaremos la cagá!". Las Juventudes Ultranacionalistas de Chile fueron todavía más lejos en los panfletos que diseminaron por las calles: "Dar muerte a los comunistas, socialistas y extranjeros colonialistas partícipes de la máquina marxista. ¡La guerra comenzó!". Aquel mismo día, decenas de artistas e intelectuales fueron sometidos a una cobarde práctica que se creía desterrada: llamadas telefónicas con amenazas de muerte.

Era la entrada en escena del fascismo, un fascismo que había estado siempre ahí, latente, solapado, y que ahora se exhibía en cueros con el viejo expediente del miedo. Lo explicó el historiador de derechas Alfredo Jocelyn-Holt en la revista *Rocinante*, un pequeño espacio de aire que asomó por esos días:

> Toda la derecha chilena actual es fascista. E1 fascismo se grafica en la expresión: "Soy momio y qué", que nace del odio y se alimenta del odio. Es una derecha con histeria, con encono. Cree que el orden está fundado en la brutalidad, en la fuerza, y que este país se gobierna con mano dura, con abusos o con amenazas de muerte. Ése es el fascismo. No cree en la negociación. Actúa con una permanente apelación al miedo. Para que en Chile vuelva a haber una derecha democrática, hay que sacar a los militares del juego político. Pero soñar no cuesta nada.

Aunque los distintos actores habían afirmado estar preparados para cualquier escenario, lo cierto es que la estocada de los lores había tomado por sorpresa a todo el mundo, empezando por el gobierno chileno, que rumió más de dos horas antes de reaccionar. Las ramas militares emitieron duros comunicados, el Presidente convocó por segunda vez en una semana al Consejo de Seguridad

Nacional[8] , se sucedieron los rumores de alzamientos o maniobras militares (¿un golpe *contra quién*, si el gobierno chileno estaba de su lado?). Patricia Maldonado[9] se presentó junto a un grupo de señoras pinochetistas en el edificio de la Comandancia en Jefe del Ejército, pidió directamente un golpe militar y se fue a su casa. La siguió después el ex Vicecomandante en Jefe del Ejército, Guillermo Garín, que amenazó con un golpe en una entrevista de prensa.

Cristián Labbé, alcalde de la comuna de Providencia y notorio termocéfalo, se la jugó: llenó

8   El Consejo de Seguridad Nacional (COSENA) fue creado por la Constitución de 1980 para intervenir cuando, en opinión de alguno de sus integrantes, está amenazada la seguridad nacional. A diferencia de su antecesor, el Consejo Superior de la Seguridad Nacional, que estaba subordinado al Presidente de la República, el COSENA es virtualmente "el Cuarto Poder del Estado", con clara supremacía sobre los tres poderes clásicos (véase *La Constitución de 1980 y la ruptura democrática*, de Luis Maira). Está conformado por siete miembros con derecho a voto: el Presidente de la República, el presidente de la Corte Suprema, el presidente del Senado, los tres comandantes en jefe de las FF.AA. y el director de Carabineros. Con sólo derecho voz, son miembros el ministro del Interior, el de Relaciones Exteriores, el de Defensa y el de Hacienda. El COSENA puede ser convocado por el Presidente la República o por al menos dos de sus miembros. Desde que estalló el caso Pinochet ha sido convocado en tres oportunidades por el Presidente Eduardo Frei Ruiz-Tagle.

9   Cantante melódica y fervorosa partidaria de Pinochet, quien es padrino de su hija. Intentó incursionar en la política, presentándose como candidata a diputada por San Miguel en las elecciones de diciembre de 1989, pero no le resultó. Viajó a Londres a apoyar al general en retiro, donde fue la voz cantante de sus partidarios en las manifestaciones callejeras.

las calles de su comuna de banderas; suprimió los estacionamientos de diferentes organizaciones españolas; suspendió la exposición "Obras Hidráulicas de la América Colonial", auspiciada por la cancillería española; multó a la CTC (compañía de teléfonos con capitales españoles) en 7,5 millones de pesos por mantener letreros de propaganda sin autorización municipal; suspendió las conversaciones con los ejecutivos de la constructora hispana Huarte Andina, que se había adjudicado la construcción de 1.629 estacionamientos subterráneos en la comuna; multó al Instituto Chileno-Británico por tener vencida la patente municipal; y, en el paroxismo, ordenó que los camiones municipales no retiraran la basura de la embajada española. "Proclamamos nuestra certeza de que no prevalecerá esta confabulación y que Chile, en la medida en que se mantenga en pie, volverá a salir victorioso de esta guerra", dijo Labbé.

La senadora Evelyn Matthei no le fue en zaga cuando hizo un llamamiento público a no beber whisky ni sangría, a boicotear a la Compañía Chilena de Tabacos (por tener un 83% de capital español) y a no usar teléfonos celulares de compañías con inversiones hispanas. Era el delirio. La Academia Nacional de Estudios Políticos y Estadísticos suspendió un seminario porque el principal expositor era el británico David Chippman, director del Instituto de Estudios Estratégicos de Londres. Por su parte, en el Country Club, que tiene una fuerte tradición británica, se inició una recolección de firmas para suspender la calidad de socia honoraria de la embajadora británica, Glynne Evans. La situación se crispó a tal punto que los tenistas de la "armada española" estuvieron a punto de no venir al torneo del ATP Tour de Santiago, y el cantante melódico Julio Iglesias suspendió un concierto en Santiago porque es amigo de Pinochet, pero también español. Tras un ataque en la calle contra un ingeniero norteamericano, el Foreign Office británico denunció que en Santiago se habían registrado agresiones a personas "equivocadamente identificadas como británicas" y aconsejó a los ciudadanos ingleses que no vinieran a Chile: "Pueden ser blanco de turbas violentas".

El arzobispo Javier Errázuriz intentó serenar los ánimos mirando al cielo y recordando que la Biblia dice que "no hay mal que por bien no venga". Mientras, decenas de periodistas le extendían sus micrófonos a un grupo de mujeres al que habían ignorado casi por completo en la última década: familiares de detenidos-desaparecidos, que también lloraban, pero de asombro y de felicidad. Con la más inesperada carambola se abría frente a ellas una remota posibilidad de tener por fin una respuesta a una demanda elemental: dónde están.

Muy pronto quedó claro que generar el caos era para algunos un propósito deliberado. "Se está produciendo un clima de ingobernabilidad", proclamó con una mueca astuta el alcalde Labbé.

-La ingobernabilidad no cae del cielo. ¿Quién la está produciendo? -le preguntó un periodista.

-La estamos produciendo quienes pensamos que estas agresiones afectan nuestro consenso -dijo Labbé.

"Tenemos que hacer sentir que este país no está funcionando normalmente", afirmó por su parte el senador Sergio Diez. Su colega Hernán Larraín añadió: "Hay que hacer presión política, incluso entendiendo esto como un juicio a la transición". Y el diputado Julio Dittborn, acaso inspirado por Bakunin, proclamó: "¡Vamos a colaborar a la ingobernabilidad!".

Con el paso de las semanas, a medida que la crisis se prolongaba más allá de toda previsión , fue quedando en evidencia que para los *poderes fácticos* no importaba tanto la persona de Pinochet como su *Obra*. Se oyó decir que muchos estaban incluso dispuestos a dejar caer a Pinochet, pero no su Constitución y sus amarres: una institucionalidad de corte castrense que ha sofocado sin asco la democracia en la última década, y que incluye la existencia de senadores designados -determinantes en estos años para frenar numerosas reformas-, la imposibilidad del Presidente de dar de baja a los Comandantes en Jefe de las Fuerzas Armadas -y menos aún de *tocar* su presupuesto-, o el sistema de votación que asegura una desproporcionada voz derechista en el Congreso.

-La idea, a mediano plazo, es trabajar en forma más sistemática sobre la defensa, la obra y el legado del gobierno de las Fuerzas Armadas y de Orden

-anunció Francisco Javier Cuadra después de reunirse con otros *cerebros* de la dictadura de Pinochet.

Qué hacer; muy pocos de entre quienes fueron personajes claves del régimen dictatorial defendían realmente la figura otrora tan venerada. Se esgrimían razones *patrias* y se planteaban argumentos jurídicos, pero casi nadie sacaba la voz para reivindicar la persona de Pinochet. Su misma abogada defensora en Londres, Clare Montgomery, reconoció por primera vez abiertamente el vínculo del ex mandatario con la DINA y con casos de tortura, cuya legitimidad justificó, porque convenía a la causa judicial. Más aún: a poco andar quedó de manifiesto que estaba muy lejos de producirse el pretendido clima de ingobernabilidad y que gran parte de los chilenos comenzaba a saturarse con el tema.

La defensa introdujo un nuevo matiz en la ignominia cuando recurrió a razones siquiátricas y de senilidad -o sea, que Pinochet estaba gagá- con el objetivo de obtener su liberación. ¿Qué pensaba, qué sentía el viejo dictador en esas horas dramáticas? Una de las claves, quizá, la entregó el abogado Fernando Barros, asesor del general en retiro, en la víspera de la resolución del ministro del Interior británico Jack Straw sobre si se daba curso al proceso de extradición. "Si la resolución es negativa para Pinochet", dijo Barros, "él deberá mirar esto desde una perspectiva histórica y ya no de corto o mediano plazo. En esa situación sólo cabe dejar su legado para las generaciones futuras y entender las motivaciones y valores que estaban en juego con el gobierno de las Fuerzas Armadas".

O sea, recluido en Londres, Pinochet se iba quedando cada vez más solo. Sus seguidores organizaban viajes -auténticas peregrinaciones- para apoyarlo, pero para nadie era un secreto que, pasara lo que pasara, Augusto Pinochet Ugarte comenzaba a transformarse en un cadáver político del que casi todos se querían desembarazar.

El ex presidente del Círculo de Amigos del Ejército y actual impulsor de una corporación denominada Amigos de la Patria, Eduardo Arévalo, lo señaló abiertamente:

-Les vamos a pasar la cuenta a muchos actores que hablan de soberanía o de la dignidad del país, aunque nadie se ha atrevido a defender la figura de mi general Pinochet.

Eso era: Pinochet estaba enfrentado a la Historia, con mayúsculas, disciplina de la que siempre se había manifestado tan entusiasta, pero esta vez la historia no la escribían ni él ni sus propagandistas: la historia la estaba escribiendo el mundo, que abría una nueva página en el derecho internacional y condenaba como emblema a uno de los tiranos más crueles del siglo veinte.

Capítulo 2
De burro a teniente

Resulta sorprendente la imagen de Pinochet preso y enfermo: agostado, decrépito, sin permiso ni para salir al patio, con problemas hasta para mear, un anciano lacrimoso y deprimido actuando una parodia de sí mismo en una pesadilla de desenlace imprevisible.

Hasta este episodio, Pinochet había ganado siempre; incluso las derrotas, como la del plebiscito del 88, se las había arreglado para transformarlas en victorias. Ahora aparecía, por primera vez y para estupor de todos, como un general derrotado.

A lo largo de su historia Pinochet había experimentado múltiples metamorfosis: camaleónico, embozado, había sido muchos hombres, desde el soldado silencioso y constitucionalista que defendía porfiadamente al gobierno de la Unidad Popular, hasta el imperturbable líder militar que la mañana del golpe sugirió subir al Presidente Allende en un avión para que luego el aparato fuera derribado; desde el mandatario que llegó a confundirse con el Mesías y a declarar que su misión era de orden divino, hasta el abuelo querendón y autoritario en que parecía haberse convertido (en Chile, sólo en Chile) hasta el año de gracia de 1998.

Sus imágenes más antiguas -que proporcionan ya algunas claves significativas- se remontan a un Valparaíso que vive en la inconciencia los últimos estertores de su esplendor, un Valparaíso en el que nadie sospecha aún las consecuencias de la apertura del Canal de Panamá. Desde que nació en el puerto, el 25 de noviembre de 1915, Augusto *Tito* Pinochet se transformó en el retoño predilecto de su áspera y exigente madre, doña Avelina Ugarte Martínez. Ella luciría siempre en el pecho, hasta el mismo día en que murió, un medallón con las iniciales grabadas de Tito, objeto que además albergaba una estampa de la Virgen del Carmen y una foto del mismo hijo mayor.

- Sí, de todos, Augusto es mi regalón, y no me importa decirlo, porque los otros hijos lo saben -confesó en una ocasión.

Así era. Lo sabían María Avelina (*Nena*), que vivió treinta años en Bolivia y volvió a Chile seis meses después del golpe militar; María Inés, casada y dueña de casa; Arturo, comerciante radicado en Viña del Mar; Gerardo, ingeniero afincado en el norte del país; y María Teresa, la menor, dueña de casa. Los cinco pequeñuelos correteaban por los pasillos del tercer piso de una antigua casona en calle Pedro Montt 1785, edificio del Arzobispado ubicado a pocos pasos de la Plaza Victoria, y cuando enfrentaban a Tito, el imperioso primogénito, le obedecían en forma sumisa, con un respeto reverencial.

Al mirar las fotografías de Pinochet en esos primeros años, la sensación es de burla y extrañeza: se lo ve ataviado con una especie de trajecito marinero y sandalias, o con falditas de faja y pantorrillas a la vista, o todavía más bebé con un coqueto vestido de encajes. Qué difícil resulta concebir que ese mismo infante con aire de interrogación y desamparo sería después el dinosaurio inexorable que mandaba a miles al cadalso con la frialdad de un cirujano. Las fotos de estos últimos años, las del miembro del Senado, las del estadista digno y añoso, las del abuelo que aparece chocheando con sus nietos en los brazos, son una impostura manifiesta, una añagaza elucubrada por sus publicistas; no ocurre lo mismo con el niño y el bebé: esas fotos son *de verdad*, el aire angélico es *de verdad*, la mirada inhibida y casi trizada ante esa cámara que debía ser un auténtico armatoste con humo y caja negra, es *de verdad*. ¿Qué información genética, qué azares, qué experiencias o traumas se conjuraron para que ese niño llegase a ser lo que fue?

Mónica Madariaga[1] lo recuerda así:

> Yo prácticamente lo conocí el año 67, no antes,
> ya que además podría ser su hija; tengo la misma
> edad de su hija mayor, aunque ella se quita unas
> cuantas décadas. Pero siempre escuché hablar de él
> en mi casa. Mi padre hablaba muy bien de Augusto;
> decía que había seguido las enseñanzas de su apo-
> derado en la milicia, el general Alfredo Portales
> Mourgues, quien siempre le dijo: "Nunca seas el
> primero ni el último, sé siempre hombre del medio;
> el que pasa inadvertido es el único que llega a tér-
> mino en la empresa que acomete". Cuentan en la
> familia que le gustaba la milicia desde chico. A mi
> tía le gustaba vestirlo de marinerito, traje con el cual
> no le permitían comer helado, para no ensuciarse.
> Ante esto, a los dos años, Augusto se arrastraba por
> el suelo para ensuciarse de todos modos. Son cosas
> que muestran su voluntad y su tozudez.

Augusto inició sus estudios como interno en el
Seminario San Rafael de Valparaíso. Duró unos
cuantos años. Quebró unos vidrios del establecimiento y fue expulsado del colegio. Sin embargo,
nunca fue castigado por su padre, don Augusto
Pinochet Vera, natural de Chanco -plácida zona de
quesos, cerca de Cauquenes-, agente de aduanas,

1   Mónica Madariaga, prima de Pinochet, fue asesora jurídica de
la república desde el golpe de estado hasta abril de 1977,
cuando fue nombrada Ministra de Justicia. Mantuvo este
cargo hasta principios de 1985 durante su período se dictó la
ley de amnistía, redactada por ella misma. Posteriormente fue
Ministra de Educación y Embajadora de Chile ante la
Organización de Estados Americanos (OEA): entonces
comenzó a tener discrepancias con el régimen militar. En
Enero de 1985 se le pidió la renuncia. En los últimos años ha
vuelto a cercarse a Pinochet. Está en la lista de los treinta y
ocho requeridos junto a Pinochet.

una figura ausente. La severidad y el orden corrían por cuenta de la madre. Tras la expulsión, fue matriculado en los Sagrados Corazones de Valparaíso, donde se empecinó en destacar como un mal alumno. En 1929 aprobó apenas el Segundo Año de Humanidades. Algunas de sus calificaciones en los exámenes finales (escala de 1 a 7) fueron:

Castellano:	5	3
Historia y Geografía:	3	3
Inglés:	3	3
Francés:	3	3

Las clases de francés -la lengua de sus antepasados- lo angustiaban hasta lo indecible. Hacía ímprobos esfuerzos enchuecando la quijada y frunciendo los labios tratando de simular la pronunciación francesa, pero era inútil. Sus compañeros se reían. Él también. Algunos de ellos cuentan que Augusto tenía risa de burro, y que por eso comenzaron a llamarlo "pollino", "burro" y "jumento". Por sus dificultades académicas y disciplinarias debió visitar asiduamente al padre Santiago *Cuico* Urenda, inspector general del establecimiento y responsable de mantener la disciplina. Pinochet coronó sus porfiados intentos de hablar francés al recitar, con inesperado éxito, l'*Hippopotame*, personaje del texto guía de la época. Pero no había caso. Reprobó varios cursos en 1930 y repitió tercer año de humanidades.

Lo cierto es que la carrera militar lo llamaba a gritos, no sólo porque en aquel entonces solían reca-

lar allí los alumnos *porros* -tras la dictadura de
Carlos Ibáñez del Campo los un iformados gozaban
de un considerable descrédito-, sino porque realmente él se había obsesionado con la cosa militar
casi antes de aprender a leer. Su hermana Nena evo-
caría: "Augusto vivía jugando con sus tambores y
trompetas". Su esposa Lucía Hiriart añadiría otros
pormenores: "Con los soldaditos de plomo no per-
donaba jamás el cambio de guardia todas las
noches". Su padre aspiró en algún momento a que
Augusto fuera médico, pero doña Ávelina Ugarte
era quien roncaba en el hogar y decidió estimular la
vocación militar de su hijo predilecto, tan serio y
estricto, dueño de un pelo tieso que mantenía a raya
con suculentas dosis de gomina.

Estos rasgos (del hijo y de la madre) quedaron
plasmados por Manuel Araya, uno de sus biógrafos
oficiales, en el libro *Perfiles de honor*:

> Casi a diario, Augusto Pinochet padre se encon-
> traba en las cercanías de la Caleta El Membrillo con
> Olaf Christiansen, un gringo enorme que las oficia-
> ba de capitán del bote salvavidas de Valparaíso.
> Una mañana se produjo el siguiente diálogo:
>
> -Oye, anoche divisé a tu hijo Augusto en la Plaza
> Victoria.
>
> -Es su distracción en las tardes. Ahí se reúne con
> sus condiscípulos de los Sagrados Corazones y
> otros amigos para ver el paseo de las jovencitas.
>
> -¡Qué paseo de las jovencitas! A mí más me pare-
> ció que estaba metido en una guerra. No lo puedo
> asegurar, pero parece que tu hijo, que es a no dudar
> el líder, se había sacado hasta la correa.

-No, lo que pasa es que hay un lote de mucha-
chos que se descuelgan desde la Plaza O'Higgins y
el Parque Italia a molestar a las niñitas, y tú ya
conoces el carácter de mi hijo: los corretea por Pedro
Montt y Condell hasta que no quede ni uno.

-¿Va a ser marino?

-No sé, creo que no; él quiere ser militar y por
ahí anda ya haciendo trámites. Lo apoya su mamá
y, tú sabes, donde manda capitán...

A fines de 1930, Pinochet postuló por primera
vez a la Escuela Militar. No quedó. Al año siguiente siguió sufriendo en clases de francés, inglés, física y matemáticas; destacó, en cambio, en gimnasia,
religión y trabajos manuales. En los últimos meses
de 1931 postuló nuevamente a la Escuela Militar.
Tampoco quedó. Al año siguiente continuó sin ver
una. Sus notas finales (escala de 1 a 7) fueron:

Castellano:	3	3
Historia y Geografía:	4	4
Inglés:	2	2
Francés:	3	2
Matemáticas:	3	3
Ciencias:	3	3
Física:	2	2
Química:	3	2

Naturalmente, repitió de curso. Pero él insistía en
ser militar, aunque poco tiempo atrás hubiese caído
Ibáñez y a los uniformados les escupieran en la
calle. Lo único en lo que pensaba, aparte de los

asuntos militares, era en el boxeo. Dicen que era un buen pegador. Se pasaba tardes enteras en la casa de su amigo Marcelo Malaré finteando con los puños, metiendo rectos al mentón, recibiendo golpes en la cabeza. Cuando en diciembre de 1932 concluyó el año escolar, el padre Urenda despidió a los alumnos como era tradicional. "La milicia y el sacerdocio", les dijo, "no son carreras para ganarse la vida, sino para servir a Dios y a la Patria". Pinochet se sintió en la gloria. Y ese año -¡por fin!- pudo entrar a la Escuela Militar. "Sólo al tercer intento pude llegar al plantel de calle Blanco Encalada", anotó en su libro *El día decisivo*. "Recuerdo que en los días anteriores al ingreso contaba las horas que faltaban para que llegara el 11 de marzo, fecha en que debía presentarme al establecimiento".

Alejandro Ríos Valdivia, ministro de Defensa durante el gobierno de Salvador Allende y profesor de Historia y Geografía en la Escuela Militar entre 1925 y 1945, tuvo como alumno a Pinochet:

   -¿Se acuerda de cómo era?

   -Claro que me acuerdo, pero los profesores siempre nos acordamos más de los muy brillantes o muy malos, y él era del montón.

Años más tarde, cuando comenzó a ejercer el mando frente a las tropas, Pinochet pudo manifestar en toda su amplitud un rasgo constitutivo: el del implacable defensor de la disciplina, el más autoritario entre los autoritarios. El escritor Germán Marín fue su alumno en la Escuela Militar. Lo recordaría en su libro *Las Cien Águilas*:

La voz Kniébolo, proveniente al parecer del latín diábolus, diablo, expresa el apodo con que Ernst Junger llama a Hitler. Menos elíptico que el novelista alemán, de mi parte sólo puedo tratar al dictador criollo por su apellido real, Pinochet, pues no hallo otra palabra que lo reemplace. Una diatriba sería incluso un desagravio. Lo conocí hace muchos años, en la Escuela Militar, cuando era un modesto capitancillo, rabioso como el que más, cuyos hombros siempre denunciaban unos vestigios de caspa. Hace pocos días terminé de leer el *Fouché* de Stefan Zweig. En el prólogo, el olvidado escritor dice que en la vida real, en el radio de acción de la política, rara vez las figuras superiores son determinantes. La verdadera eficacia está en manos de otros, inferiores, aunque más hábiles, las figuras de segundo término.

Añade Marín más adelante:

Nuestro comandante de compañía era el capitán Augusto Pinochet, perteneciente al arma de infantería, que acababa de ser alumno de la Academia de Guerra. El futuro dictador de Chile tenía a la sazón treinta años aproximadamente, casi el doble de nuestra edad, de tal modo que, cuando miembros de nuestra promoción alcanzaron el grado que él ostentaba entonces, ya estaba por jubilar de general; cuentas alegres, pues aún continúa al mando y algún día se irá a su casa como el oficial más antiguo que se haya conocido en el continente y, tal vez, en el mundo, al modo de un Chiang Kai-Shek, si bien éste participó en guerras que constan. Son perseverancias de un yo absoluto encastillado en la cúspide de un poder militar.

El capitán Pinochet no era mejor ni peor que cualquier otro oficial intermedio de la escuela, aunque se diferenciaba por exhibir uno o dos puntos más altos de inmisericordia cuando montaba en cólera. Mandar es mirar a los ojos, como decía

Napoleón, aunque, como señala Borges, volviendo
relativa la frase, quizá detrás del rostro que nos
mira en verdad no hay nadie. En esa cara que siempre parecía afeitada del día anterior no asomaba
nunca el reflejo del sentimiento, a pesar de lucir un
fresco bigotillo de galán mexicano. Para medir las
posibles reacciones cuando se estaba frente a él,
había que observar el movimiento de sus manos
tentaculares, abrigadas por unos guantes de reglamento de color marrón, que transmitían lo que
sucedía en él antes de que llegara a su pensamiento.

Cuando apretaba los puños con los brazos caídos en los flancos, sólo cabía esperar el estallido de
la voz quebradiza, cargada de gallos, que podía
hacer de nosotros unos penitentes. Estoy seguro,
pienso hoy, que el capitán Pinochet ya creía en el
infierno. A pesar de ese dominio sobre sus subordi-
nados, tenía una relación distante con ellos, provo-
cada creo por una suerte de sospecha raigal hacia
todo bicho viviente. Calculo que la vida, al margen
de esos instantes de exaltación, le resultaba insípida
y, por lo tanto, detestable. El personaje más importante creció en él, para desgracia de muchísimos
chilenos, el nefasto martes de un día de sangre veintiún años más tarde cuando, al igual que en la
noche traidora de Macbeth, se oían en el país cantos
proféticos de muerte y destrucción. Pinochet ocul-
taba la mirada entonces con unos anteojos oscuros,
de cristal medio verdoso, asustado de la luz mati-
nal.

En aquellos años de milicia -como en el resto de
su vida- Pinochet se mantuvo siempre muy apega-
do a su familia. Sus compañeros cuentan que todos
los fines de semana partía a Valparaíso a ver a su
gente; no permanecía nunca en Santiago. Y a sus
hermanas no las perdía de vista. Nena Pinochet

confesó: "Era muy celoso con las personas que nos visitaban. Se fijaba en todos nuestros amigos y amigas. No nos llevaba nunca a fiestas, era muy estricto en ese sentido. A él tampoco le gustaba trasnochar". No tenía amigos, casi. Le gustaba dar largas caminatas por el puerto, leyendo libros militares.

-Ya en los primeros meses del curso de la Escuela de Infantería, en 1937 -recordó en una entrevista el propio Pinochet-, empezamos a comprender las características de la carrera que habíamos abrazado. No sólo se nos exigían condiciones físicas, sino conocimientos y capacidad para aplicar la teoría a la práctica. En realidad, la formación militar no era simple, como sostenían personas que había conocido en algunos hogares de Santiago. Por el contrario, era extremadamente compleja. Recuerdo que en las noches era normal quedarse estudiando el reglamento de armas combinadas o el de Infantería, dibujando formaciones o imaginando situaciones de combate o adiestrándonos en el conocimiento de las armas.

-¿Qué otros intereses se fomentaban, fuera del profesionalismo?

-En el casino de la Escuela de Infantería los temas más importantes de que se hablaba eran los profesionales. Se intercambiaban conocimientos de historia (algunos jefes eran verdaderos historiadores) y comentarios sobre la situación mundial, siempre apuntando a aspectos bélicos. Jamás escuché en el casino alguna discusión de carácter político, al extremo que llegué a creer que esa materia no agradaba a nadie. En una palabra, creo que la oficialidad del Ejército de Chile estaba enclaustrada en sus cuarteles, verdaderos compartimientos estanco que la aislaban y la hacían perder contacto con el mundo exterior. Más aún, la oficialidad prácticamente ignoraba toda la actividad política que se desarrollaba en el país.

-¿Quiere decir que no sabían nada de política?

-De los partidos políticos sólo teníamos conocimiento de su existencia, pero desconocíamos sus objetivos y su ideología.

-¿Y no se veían mezclados en conversaciones sobre política con civiles?

-En ocasiones en que debíamos sostener discusiones con civiles, aparecíamos faltos de cultura, y en conversaciones bien o mal intencionadas, cuando se pretendía conocer nuestro pensamiento político, eludíamos el tema y con una sencilla frase creíamos dar por terminado el asunto: "Perdone usted, nosotros somos apolíticos y no nos agrada discutir esos temas". Débil excusa, pero nos servía para salir del paso y justificar nuestra ignorancia.

A fines de los años treinta, Pinochet se retiró temporalmente del Ejército por un lapso de seis meses. Trabajó con su padre, debido a que la familia pasaba por aprietos económicos y el dinero que él ganaba como subteniente no alcanzaba para nada. Volvió al Ejército y, en 1940, en el corazón de San Bernardo, conoció a la que sería su esposa: Lucía Hiriart, hija de Osvaldo Hiriart, quien fue fiscal de

Corfo y ministro del Interior del gobierno radical de Juan Antonio Ríos. Ella vivía en una casaquinta en el paradero 30 de la Gran Avenida y estudiaba en el Liceo de San Bernardo, justo frente al Casino de Oficiales de la Escuela de Infantería. Lucía recordó:

-Yo tenía quince años y estaba colaborando en una colecta con mi amiga Nena Barros. En eso se acercó el papá de ella, don Guillermo, entonces comandante de la Escuela de Infantería, acompañado de un joven oficial al que yo no conocía. Me acerqué a ellos y recuerdo que don Guillermo me dio cinco pesos como aporte de ambos para la colecta. Mis amigas me interrogaron sobre el recién llegado; yo no sabía el nombre (me cotizaban tan poco que ni siquiera me lo presentaron) y tuve que explicarles por qué le había prendido la escarapela de la colecta pese a que él no había dado un aporte. Lo cierto es que le había encontrado cara de pobre. Y era verdad. Ya pololeando con él, Augusto me confesó que ese día andaba sin un cinco.

El subteniente Pinochet no le perdió pisada a la colegiala de San Bernardo, pero debía contenerse, pues ella estaba de novia con un cadete de la Aviación. Sus compañeros lo acusaban de "infanticida" por su desmedido interés por la joven liceana. Tiempo después fueron oficialmente presentados en la casa de Galvarino Ponce, militar y diplomático de la época. Estuvieron de novios un par de años. En cuanto Pinochet ascendió a teniente, decidieron casarse. No fue fácil. Lucía explicó: "Se necesitaba una fianza especial. Alguien que no fuera uno de los padres debía comprometerse a darle a uno una determinada cantidad de dinero mensual. Un amigo, Alfredo Portales, puso a nombre nuestro una propiedad. Siempre hacíamos chistes y le decíamos que habría sido bueno hacernos los lesos y quedarnos con ella. Así nos pudimos casar".

Lucía Hiriart había entrado, así, en la vida de Augusto Pinochet. Nadie podía entonces calcular las consecuencias, nadie podía imaginar cuán determinante resultaría para la historia de su marido, cómo lo transformaría, cuánto incidiría en sus decisiones. Un país y el mundo entero habrían de enterarse.

Capítulo 3
Padre, galán o emperador

A fines de los años setenta, ya convertido en una sombra omnipresente y todopoderosa, encarnación del látigo, la obediencia y el miedo, Augusto Pinochet fue desenfundando una nueva faceta: el que antes había sido un soldado tímido y taciturno, un oficial receloso, huraño y desconfiado que jamás emitía una opinión personal, aparecía ahora convertido en el señor y dueño de todas las situaciones públicas y privadas. El poder le había conferido un aplomo insospechado. Se sabía, ahora, el actor instalado en el centro del escenario, el protagonista de una obra que él mismo iba escribiendo a su antojo. Movía un dedo y los demás corrían, fruncía el ceño y a su alrededor todos temblaban.

Antes desconfiaba de los actos sociales, se escabullía de los cócteles o los padecía con ensimismado estoicismo militar; ahora se lo veía satisfecho, rozagante y seguro en esos eventos, actuando de padre, galán o emperador según el capricho del momento, con apariciones teatrales, galanterías u obsequios inesperados. Antes no miraba jamás a una mujer a los ojos; ahora las observaba con detención, las provocaba, las adulaba, las recriminaba, les hablaba al oído, subía o bajaba el tono según el caso: socialmente, frente a las mujeres, este nuevo Pinochet se manejaba con soltura, canchero, a veces coqueto, a veces enfadado; campechano, entrador, soltaba chascarros, contaba anécdotas, discurría chistes, juzgaba y sentenciaba sobre todo y sobre todos, estableciendo una relación de poder en la que se sabía el absoluto dominador.

Este nuevo rostro o antifaz se manifestaba particularmente frente a periodistas de sexo femenino, y no por nada la gran mayoría de las entrevistas que concedió en el poder fueron realizadas por mujeres. En su libro *Ego Sum*, un largo diálogo con el dictador, las periodistas Raquel Correa y Elizabeth Subercaseaux describen ese manejo escénico:

> Pinochet puede ser hasta envolvente con su ingenio. Y con esas bromas de medio lado que lanza de repente. Tiene sentido del humor y anda como a la caza de reacciones, echando pullas, a ver qué pasa, karateca del lenguaje. "Usted es la comunista y usted democratacristiana. ¿A ver señoras, cuál de las dos salta primero?", pregunta con malicia y después dice: "No, si era sólo una broma". Y cuenta un chiste. Pero aquí no termina el cuento, porque justo al lado de ese encanto, y en el momento menos pensado, salta el otro: duro, autoritario y con una capacidad de ironía sorprendente. El general endurecido que golpea la mesa con las manos empuñadas, sin

recovecos ni discursos aprendidos y sin importarle
nada lo que opinen los demás. Pinochet molesto es
como para salir arrancando.

Entre requiebros y ademanes histriónicos, entre
admoniciones y piropos, entre susurros y exclama-
ciones, el general llegó a cautivar a las periodistas
más experimentadas. En 1977, en el encabezamien-
to de una entrevista, Rosario Guzmán anotó que en
ciertos momentos "sus ojos azules adquieren una
dulzura inusitada y su voz se hace imperceptible,
como si dijera: que esto quede entre nosotros".
Blanca Arthur, por su parte, iniciaba así una entrevista en marzo de 1981: "El Presidente es el mismo
de siempre. El hombre... agudo, sagaz, seguro, tranquilo". Más emotiva, Mónica Comandari escribió
en 1983: "Pinochet está allí. Sonriente, al mismo
tiempo da la impresión de estar alerta. Su presencia
me parece la de un líder puesto por el destino en
una misión que, él mismo reconoce, no eludió ni
eludiría si las condiciones se repitieran". Más adelante añade: "En el curso de la conversación irán
surgiendo los rasgos que han hecho del Presidente
Pinochet una de las personalidades más carismá-
ticas de la vida política".

Las mujeres constituyeron desde siempre una
presencia y una marca poderosa en la vida de
Pinochet. Cuando niño, después de ayudar al cura
a decir misa o maltratarse en sesiones de boxeo,
"corría al lado de la madre o de la abuela", al decir
de su hermana Nena. Ese era el lugar, el único, el

más protegido del mundo. Su obsesiva vocación militar y la autoimposición de una vida esquemática al extremo, sin embargo, le hicieron cortar de raíz, desde muy joven, lo que de sensualidad o de placer pudo haber encontrado en las mujeres. Desde que el padre Urenda le enseñó en clases de catecismo que masturbarse era "una actividad endemoniada", apretó los dientes y borró de plano esos instintos, si los tuvo. En el ejercicio de un poder tan sin contrapeso como el que se arrogó durante tantos años, tenía todas las posibilidades de transformarse en el clásico sátrapa rodeado de ninfas y harenes, pero, austerísimo en materia de erotismo carnal, no lo hizo. Todo indica que ha sido un hombre esencialmente fiel en su matrimonio. A una conocida periodista le confesó una vez que en su opinión también el amor debe tener horarios y reglamentos, "como le cuadra a un militar".

Con todo, el nudo de su relación con el sexo opuesto hay que buscarlo por el lado sicoanalítico. Hay ciertas mujeres, determinantes en las decisiones que fue tomando, a las que Pinochet ha reverenciado y temido. En primer lugar, Avelina Ugarte: un auténtico personaje, una presencia fundamental en el itinerario de Pinochet. Mujer férrea, drástica, fue moldeando a su hijo y lo impulsó a no detenerse hasta llegar a general. "Tito no podía ser menos que eso", declaró. En otro momento, poco antes de morir, ella confesó haber tenido siempre el pensamiento de que él sería Presidente, "pero no se lo dije a nadie para que no se rieran de mí". El propio Pinochet la definió como "una mujer amorosa, pero firme; tenía que mantener la disciplina en un hogar de seis hijos, ya que mi padre, agente de aduanas, se dedicaba por entero a sus ocupaciones".

Una colaboradora de Pinochet, quien conoció íntimamente a Avelina Ugarte, la definió así: "Avelina era una mujer de una enorme astucia, pese a no tener ninguna preparación. Era chispeante, tenía algo de *vieja chora*[1] , dicho en chileno. Pero también era enérgica y muy, muy autoritaria. Si ella le hubiese dicho que se fuera a vivir al Polo Norte, Augusto lo hubiera hecho. Ella era su faro, su norte, el dedo imperativo cuya dirección él debía seguir. Ella tenía una fijación con la cosa militar, y Augusto, por lo tanto, fue militar. Jamás hubiera podido contradecirla".

Una opinión similar sobre Avelina Ugarte tiene Mónica Madariaga:

> Yo dudo mucho de que mi tío Augusto viejo [padre de Pinochet] haya tenido mayores planes para él, porque la que mandaba en esa casa era mi tía Avelina. Ella me contó en una oportunidad que su nuera [Lucía Hiriart] le dijo: "Yo, señora Avelina, quiero ser como la Eva Perón". Mi tía le contestó: "Es que tienes que morirte para eso". La réplica de Lucía fue: "No, en realidad me gustaría ser como la Estela Perón". Mi tía le dijo: "Entonces tienes que matar a mi hijo". Así era ella, una mujer de frases rápidas, ingeniosas. Y, claro, dura, muy dura. Hay que pensar que eran varios hijos y ella tenía que mantener el orden. El propio Augusto cuenta una anécdota. En una oportunidad, ella salió detrás de

---

1   *Vieja chora*: chilenismo, alude a una mujer de avanzada edad y mucho carácter.

él, correteándolo por el patio con una escoba para pegarle. De pronto, en el medio de la huida, a él lo picó una abeja. Pegó un grito. Ella se detuvo, lo calmó, le arrancó la lanceta y, cuando todo hubo vuelto a la normalidad, volvió a tomar el palo de escoba y le pegó.

Una periodista le preguntó en una ocasión a Pinochet qué papel había jugado su madre en su formación.

- Debo reconocer que a ella le debo gran parte de lo que soy -respondió, agradecido-. A mí me gustaba de niño la carrera militar y ella fue quien estimuló ese sentimiento.

- Esta presencia materna en su vida -insistió la periodista- pudo influir de alguna manera en la actitud que permanentemente ha tenido usted con la mujer.

- Sí, posiblemente la presencia de mi madre. Y también yo veo a la mujer en mi esposa, con el sentimiento de defensa de sus seres queridos. Una noche, durante el gobierno de la Unidad Popular, mi mujer me llevó a la habitación donde dormían nuestros nietos y me dijo: "Ellos serán esclavos porque tú no has sido capaz de tomar una decisión".

Es, tal vez, el nombre más decisivo en el desarrollo de su carrera y de su vida: Lucía Hiriart. Encarnó cabalmente el cliché de "la mujer detrás del trono". Detrás de su apariencia candorosa, de señora de malls y supermercados, se oculta una personalidad fuerte y obsesiva. El poder no sólo le gustó; por sobre todo lo ejerció. "Si yo fuera jefa de gobierno", declaró en 1984, "sería mucho más dura que mi marido. ¡Tendría en estado de sitio a Chile entero!". En esa misma oportunidad, a propósito de unos atentados a centrales eléctricas que realizaban pequeños grupos armados, reflexionó:

- Cómo nos estamos perjudicando por culpa de los terroristas. En estos momentos hay cortes de luz... Sin energía eléctrica no pueden funcionar los locales comerciales, las peluquerías.

Lucía Hiriart es una mujer ostentosamente simple, aunque durante el gobierno de su marido se esmeró en ilustrarse sobre centros de madres e instituciones relacionadas con la infancia. Por otro lado, todos reconocen su influencia en el gobierno de su esposo, comenzando por un hecho clave, cuando en 1973 convenció al indeciso de que se plegara al golpe militar. En otro momento (1981) se supo, por ejemplo, que su opinión había sido decisiva para provocar la salida del gobierno del canciller Hernán Cubillos, uno de los cerebros connotados del régimen en los años ochenta, quien estaba enfrentado a su hija Lucía. Y así.

Moy de Tohá tuvo oportunidad de conocerla bien en 1972, en la época en que su marido José Tohá era ministro de Defensa de Salvador Allende. Pinochet había sido nombrado Comandante en Jefe del Ejército, defendía a brazo partido al gobierno de la Unidad Popular y había logrado establecer una buena amistad con el matrimonio Tohá.

Moy de Tohá recuerda así a Lucía Hiriart:

> Lucía no era una mujer muy opinante. Sí habla-
> ba de cosas domésticas, de recetas de cocina, de la
> relación con sus hijos o con las novias de sus hijos.
> Tenían ambos una virtud especial que creo que era
> mérito de ella: un profundo sentido de familia. Eso
> de reunir a los hijos los domingos a la hora de
> almuerzo, eso de protegerlos hasta las últimas con-
> secuencias. Era una buena dueña de casa. Tanto es
> así que cuando José dejó el Ministerio de Defensa
> (poco tiempo antes del golpe) se organizó una des-
> pedida para él, en casa de los Pinochet, de parte de
> todas las señoras de los generales. La casa quedaba
> en un pasaje, por Las Condes hacia arriba, y era del
> tipo DFL 2, de 130 metros, de un conjunto que per-
> tenecía, creo, a los generales. Los Pinochet tenían la
> casa arreglada con mucha cosa japonesa. Salón con
> muebles de felpa rojo, alfombra, mesitas chicas con
> adornos orientales. Un comedor para doce personas
> con sillas tapizadas en rojo. Una casa, en fin, típica
> de la clase media, no diría refinada, pero sí recarga-
> da. Fue una despedida llena de afecto y todo se hizo
> bajo la conducción de la señora Lucía. Eso era algo
> que ella hacía muy bien.

Otra persona que también conoció de cerca a los
Pinochet, tanto en el plano doméstico como en labo-
res de gobierno, aventuró una tesis:

- Hay que comprender que Pinochet es un hombre que siempre fue humillado por su mujer. Lucía
siempre le enrostraba el hecho de "haberme casado
con un milico". O bien decía, en reuniones familiares o de amigos, cosas como: "Por haberme casado
con Augusto no pude ser senadora, como mi
padre". Lucía, dentro de su simplismo, es una
mujer tremendamente autoritaria. Hasta el día del

golpe, Pinochet, frente a ella, se sintió siempre minimizado. El hecho de haberse encontrado de un día para otro a la cabeza del país le permitió tomarse la esperada revancha por todo lo que había padecido. ¿Cómo querían, después, que se fuera del poder por su propia voluntad?

Una periodista entrevistó en 1980 a Lucía Hiriart:

- Muchas veces en corrillos se la señala como "la mujer detrás del trono" y se le atribuye gran influencia en el gobierno, en decisiones de nombramientos o peticiones de renuncias de alcaldes e incluso de ministros. ¿Es cierto?

- Debe ser la envidia, porque junto con mi marido formamos una buena pareja, lo que hace que me motejen de esa manera tan inadecuada. Si dijeran que al lado de un hombre hay una mujer que vale, sería un lindo cumplido y tal vez una verdad.

En la misma entrevista se perfilaron otros rasgos de la mujer de Pinochet:

-¿Qué opina de las ollas comunes?

-¿Ollas comunes? Falsedad. No existen. Eso es mentira.

-¿Usted cree que en Chile no hay hambre?

-Lo que llaman hambre, no existe en Chile. Porque los que más pueden sufrir hambre son los niños, y nosotros tenemos protegidos a todos los niños. En cambio, el adulto, si come una vez al día, perfectamente puede vivir y no pasar hambre. Y en Chile existe el famoso compadrazgo: los chilenos somos tremendamente generosos, aunque se diga que somos chaqueteros.

Para Federico Willoughby[2], Lucía Hiriart "es el único personaje influyente en él". Explica:

> En una oportunidad, él me dijo: "Yo sólo tengo un gran amigo: la Lucy". Lo que ocurre es que ella es más vehemente que él, tanto como para decir, a propósito del caso de los jóvenes quemados[3]: "Para qué se queja esta niña si se quemó tan poco", agregando luego la frase típica de que los soldados que lo hicieron estaban cumpliendo con su deber.

Añade Willoughby:

> -Yo creo que la Lucía le ha dado a Augusto una seguridad social que es importante, principalmente a través de su padre, que fue consejero político, ministro, connotado masón, hombre de gran criterio. Por eso ella siempre le iba exigiendo a su marido que escalara, desde mucho antes del golpe. Y por ella se explica el escándalo de la casa de Lo Curro, por ejemplo. Ella encontraba que la casa en la que vivían era muy chica, con la parte de arriba muy incómoda. Y entonces, como cualquier señora que se va a cambiar de casa, quiso que la nueva fuera a su gusto. Recuerdo que yo estaba medio enfermo cuando una mañana fui a Lo Curro y me di

2   Federico Willoughby fue portavoz del gobierno militar y Secretario de Prensa de la Junta de Gobierno entre 1973 y 1976. Posteriormente se distanció de Pinochet. En febrero de 1987 fue víctima de un atentado -del cual salvó con vida- cuando un vehículo fiscal hizo volcar su auto en una quebrada.

3   Durante una protesta, en julio de 1986, una patrulla militar detuvo a dos jóvenes, los roció con combustible y les prendió fuego. Rodrigo Rojas murió a causa de las quemaduras y Carmen Gloria Quintana logró sobrevivir, aunque quedó severamente dañada.

cuenta de que medio Santiago estaba haciendo
tours para ir a ver la casa. Fui a tomar té con ellos y
les dije que eso había que pararlo de inmediato. "Lo
que pasa", me dijo Augusto, "es que hablaron con
la Lucía, y el día de mi cumpleaños el ministro de
Vivienda y un arquitecto me presentaron una
maqueta y yo la hallé muy bonita. Pensé que era un
proyecto que iban a guardar, pero ahora veo que el
tipo ése se largó a hacer la casa. Y ahora, entre ter-
minarla o echarla abajo, sale más barato terminar-
la".

Así fue. Insisto en que asuntos como los de las
casas fastuosas no corresponden a la mentalidad de
Pinochet. Su madre, que lo dominó mucho y que
fue siempre un freno moral para él, nunca usó un
palco municipal ni anduvo en autos fiscales. Tenía
un concepto muy rígido respecto del uso de los bie-
nes fiscales e hizo lo posible por inculcárselo a su
hijo. "Mijito, cómo está metido en esas cosas, déjelo,
váyase", le decía. Lo mismo ocurre con los negocios
ilícitos en los que han estado involucrados sus familiares. Pinochet salió a defenderlos porque se trataba de su familia, pero no era su estilo. En ese sentido, no se lo puede comparar con dictadores como
Somoza, que era dueño de medio Nicaragua. En las
casas lo que hay es la mano de Lucía Hiriart, que
estimaba simplemente que era algo que les corres-
pondía y entonces las alhajó como lo hizo.

En octubre de 1998, apenas unos días antes de ser
detenido, Pinochet dio una larga entrevista a *The
New Yorker*, al periodista Jon Lee Anderson, quien
habló también con su mujer, algunos de sus hijos y
cercanos. Lucía Hiriart confesó allí que fue ella
quien lo instó a escalar hasta lo más alto, objetando
su sujeción a las jerarquías militares. «Cuando dis-
cutíamos el futuro, él me dijo que un día iba a ser

Comandante en Jefe. Yo le dije que tenía que ser por lo menos ministro de Defensa".

- Mi marido me había dicho que en una carrera normal él llegaría a ser coronel. Cualquier cosa más arriba que eso sería fortuna o buena suerte. El llegó a ser general debido a la política. Dicen que yo soy mesiánica por decirlo, pero estoy convencida de que fue la Divina Providencia la que lo llevó a ser Presidente.

Unos años antes, en 1979, una periodista le había preguntado a Lucía Hiriart:

- ¿Usted tiene un carácter fuerte?

- Relativamente -respondió-. En cierta manera, parece ser que la gente me considera un poco prepotente y de carácter duro, pero no...

- ¿Le tienen miedo?

- Yo diría que las personas que así piensan son aquellas a las que he puesto la proa.

Otra mujer muy importante en la vida de Pinochet: su hija mayor. Lucía Pinochet Hiriart ejerce una influencia oscilante, que se ha hecho más intensa en determinados períodos. Uno de ellos es el actual. Ella permaneció largo tiempo al lado de su padre durante la prisión londinense. Fue también la responsable de una estrategia que apuntaba a blanquear la imagen de Pinochet a los ojos del mundo. En este contexto, Lucía hija fue quien hizo las gestiones para que su padre concediera la entrevista a

Jon Lee Anderson, que incluyó una larga sesión de fotografías del general vestido impecablemente de civil, en un salón londinense. Los acontecimientos desencadenados por la detención de Scotland Yard desbarataron la operación. Cuando se publicó la entrevista en *The New Yorker*, Lucía hija se sintió traicionada por el periodista, que además de consignar las conversaciones hizo un frío recuento de las violaciones a los derechos humanos, los escándalos financieros y otros hechos luctuosos de la dictadura de Pinochet.

Mónica Madariaga:

-La Lucía, por su edad, yo diría por su absoluta adultez, fue la regalona de Augusto por mucho tiempo, hasta que llegó la Jacqueline, una niñita que hasta el día de hoy, con varios matrimonios y cerca de diez hijos, es la que más consigue con el papá.

Sin embargo, la mayoría de sus cercanos sostiene que, de los cinco hijos, Lucía es todavía la más próxima a su padre. Durante su mandato, por momentos sus opiniones pesaron notablemente, pese a que ella se matriculó desde el inicio con el sector más intransigente de la derecha, un sector corporativista y ultranacionalista que incluye a conocidas figuras de la extrema derecha. Su padre, en cambio, ateniéndose a una estrategia militar, escuchaba a los diferentes sectores de la derecha según cada ocasión.

Como su abuela, como su madre, Lucía Pinochet Hiriart tiene un carácter fuerte. Con una diferencia: ella sí gusta de la política. Cuando su padre se molesta con ella, relató un cercano, la descalifica diciéndole "ya te pusiste intelectual". Ex militante de la Democracia Cristiana ("hay que pensar que yo era muy joven"), Lucía hija es considerada más dura que los más duros de la derecha. Una periodista la interpeló en 1981:

- Se dijo con insistencia que usted había sido decisiva en la petición de renuncia del canciller Hernán Cubillos después del frustrado viaje a Filipinas.

- Ese viaje no me gustaba por pura tinca. A mi mamá tampoco. Ella hizo un análisis más profundo y se cumplió.

Más elaborada que sus padres, Lucía Pinochet Hiriart se hizo sentir como un poder sobre todo a comienzos y a mediados de los años ochenta. Sus consejos iban desde cómo enfocar determinados problemas políticos hasta libros que a su juicio era necesario que él conociera; le preparaba informes, le proponía políticas, le sugería nombramientos. En 1980 le preguntaron:

- En un seminario organizado por la corporación que usted preside, el ex Presidente Bordaberry[4] planteó que el poder político debe generarse en el seno de las Fuerzas Armadas. ¿Está de acuerdo con esta tesis?

---

4   Juan María Bordaberry gobernó dictatorialmente el Uruguay entre 1971 y 1976, año en que fue destituído por el Ejército.

- Yo creo -respondió- que es mucho más auténtico que un grupo de personas de capacidad y de moral intachable elijan al Presidente.

- ¿Y quién elegiría a esos electores?

- Ellos tendrían que serlo por derecho propio, por sus méritos.

- A su juicio, ¿en quién reside el poder?

- Yo creo que una persona tiene que ejercer el poder y que en esa persona reside.

En un plano más anecdótico, hay otra impronta femenina: las brujas, pitonisas y adivinadoras. Augusto Pinochet es muy supersticioso. Se ha movido entre cábalas y siempre ha tenido a alguien al alcance de la mano o del teléfono para que le lea el futuro. En este ámbito, durante varios años, entre los setenta y los ochenta, un personaje clave en su vida fue la italiana Eugenia Pirzio-Birolli, a quien, de paso, en señal de gratitud, nombró alcaldesa de Puerto Cisne. Pinochet la mandaba a buscar cada vez que se enfrentaba a decisiones importantes. Hubo un momento -hacia mediados de los ochenta- en que la mujer se paseaba a sus anchas por La Moneda. Gozaba de una gran autoridad. Pinochet la consideraba infalible, y estaba dispuesto a concederle cualquier cosa con tal de que ella le obsequiara algún destello de sus poderes. Pero la Pirzio-Birolli cayó en desgracia en 1988, porque le aseguró que ganaría el plebiscito de ese año. Tuvo incluso oportunidad de ser entrevistada por los periodistas de La Moneda, el 30 de agosto de ese año, cuando se materializó la esperada designación del general como candidato oficialista.

- ¿Será nominado el general Pinochet hoy día? -le preguntaron.

- No me cabe duda -dijo la pitonisa, y no se equivocó.

Respiró profundo y añadió:

- El plebiscito el Presidente lo va a ganar lejos.

- ¿Cuál será el porcentaje?

- No me pida que le revele ese tipo de detalles. No es para tanto mi capacidad.

Pinochet perdió a pesar de contar con un aplastante apoyo de la prensa y de haber invertido ingentes recursos en publicidad. Y al año siguiente, contra todos sus cálculos, debió convocar a elecciones, en las que también fue derrotado. Era la mala pata del general supersticioso, un hombre que usa permanentemente un anillo de rubí con su signo zodiacal Sagitario grabado en la piedra y una perla en la corbata. "No sé cuándo se puso el anillo por primera vez", dijo su hermana Nena. "Creo que lo llevaba puesto cuando nací". Su madre, por su parte, reveló que era "una costumbre que heredó de mi esposo".

Mónica Madariaga:

-El tiene como cábala el número cinco. En su oficina presidencial, cuando recién asumió la Junta Militar, tenía colgado el bando militar número cinco [que declara "guerra interna" en el país]. Cuando le pregunté por qué, me dio varios argumentos aparentemente muy válidos, pero luego me enteré de que una bruja, esposa de un general, le había dicho que el cinco era su número de suerte. Esto explica por qué el plebiscito del 88 se realiza un 5 de octubre.

Pinochet anunció desde siempre que tendría cinco hijos, cosa que cumplió; usaba una gorra militar exactamente cinco centímetros más alta que la de los otros generales; procuraba que en las reuniones en que participaba hubiera cinco personas. En el libro *El señor Lagos*, de David Turkeltaub, Ricardo Lagos explica con la misma clave cabalística el resultado del plebiscito del 88: "Y mientras tanto el más elevado [Pinochet] se preocupa, qué se yo, de brujerías. El otro día dijo: 'Hay un tal Froilán que anda por ahí, un bandolero'. Me impresionó mucho esto, porque mi padre se llamaba Froilán, y entonces mi segundo nombre es Froilán. Y la semana pasada un panelista en un programa de radio me dice: 'Fui con el Presidente Pinochet a La Serena y en el viaje me preguntó: ¿por qué Lagos va a Washington y no a Moscú? Entonces me reí y le dije: 'Veo que tienes una buena relación con Pinochet, dile que no haga el plebiscito el 5 de octubre, porque lo va a perder'. ¿Por qué?, me dijo. 'Porque el 5 de octubre es San Froilán' ".

Ha habido otras mentalistas en la vida de Pinochet. Una de ellas es una adivina de Valparaíso que trabaja con escapularios. Y otra es probablemente a quien alude Mónica Madariaga: Alicia de

Lizasoain, viuda de un oficial de caballería, miembro de la secta Rosacruz, que según algunos es quien más influyó en las decisiones del general.

La propia Madariaga es otra de las mujeres de las cuales se dice que tuvo considerable influencia en algún momento de la vida del hoy senador vitalicio: después de ser considerada "más pinochetista que Pinochet" (mientras era ministra de Justicia), pasó a ser una de sus principales enemigas. En los últimos años, sin embargo, se produjo un nuevo acercamiento. Ella lo explica así:

> Antes de ser ministra, yo fui asesora jurídica de Pinochet durante dos años y medio. Me dediqué a estar sentada frente a una máquina de escribir eléctrica donde desarrollaba el trabajo jurídico. Yo hacía leyes, trabajaba veinticuatro horas al día, sin secretaria, porque para los militares las mujeres son o la querida o la esposa o la madre o la secretaria: nunca una profesional. Por lo tanto, yo era mi propia secretaria. Trabajando de esa manera yo misma me cerré las puertas a conocer una realidad tremenda que estaba ocurriendo en el país, una realidad que sólo llegué a conocer cuando me sacaron del gobierno a petición de los militares, que no pudieron soportar que les dijera que si ellos podían ser rectores delegados en una universidad, yo podía ser comandante de regimiento.

> Entonces me sacaron de Chile, pues Augusto temía incluso que algo me pudiera pasar, y me mandó de embajadora a la OEA. Y allí me encontré con toda esa información que aquí nadie podía decir y se me produjo el dolor más grande que he tenido en mi vida. Del gobierno me tenía que ir. Fue entonces cuando comencé a mandar telex muy duros a Santiago, como algunos en que pedía información sobre los desaparecidos, y no me los respondían. Incluso hice sumariar a la CNI. Increpé a

Jarpa, que era ministro del Interior, pues me sentía con derecho, después de ser colaboradora desde el mismo 73, a exigir respuestas a este aparecido, a este empleado de último minuto que era Jarpa. Pero él eludía el tema, se escabullía. Esto me llevó, en 1988, a votar No (contra Pinochet) en el plebiscito. Pero en 1995, con motivo de algunas actuaciones indebidas de Patricio Aylwin, di una entrevista crítica respecto de la Concertación al diario *La Tercera*. Y ocurre que, por la ecuanimidad de mis dichos en esa entrevista, me llegó una carta grande, muy bonita, muy institucional, de Augusto, tanto que lo llamé para agradecerle. Y así nos reencontramos como si el tiempo no hubiera pasado. Le dije que volvía a su lado, pero no al de su familia. Con la Lucía [Hiriart] nos saludamos sólo por cortesía.

Desde 1995, Mónica Madariaga se vio tres veces con Pinochet, dos de ellas en su calidad de rectora de una universidad. Relata:

Dos veces nos vimos en reuniones de rectores y después en un desayuno de ex ministros, en Lo Curro, donde por supuesto me pidieron que hablara. Dije tales verdades que hoy no me saluda nadie. Dije: "Qué grato, general, ver sentado en torno a una mesa y a un chocolatito caliente a todo su gabinete. Lo único que yo pregunto es dónde estaban todos cuando usted estaba en el proceso. Pero tengo también una excusa para ellos: es probable que la prensa no se interese en ninguno de estos señores, porque no representan nada". Casi me mató Hernán Felipe Errázuriz[5] . Me dijo: "Me cargaron

---

5   Hernán Felipe Errázuriz fue Ministro de Relaciones Exteriores de Pinochet. El y Miguel Schweitzer son los abogados chilenos que participan activamente en su defensa en Londres. El segundo fue Embajador de chile en Inglaterra durante el régimen militar; es hijo de Miguel Schweitzer Speisky, quien fuera Ministro de Justicia en los primeros años de la dictadura y que hoy está en la lista de los treinta y ocho requeridos junto a Pinochet.

tus palabras". No importa, yo no como ni vivo de
estos snobs, me dije a mí misma.

Hubo un cuarto encuentro, telefónico. Relata
Mónica Madariaga:

> Se produjo a raíz de la fallida experiencia electo-
> ral que tuve en 1997, en la Sexta Región. En esa elec-
> ción me enfrascó el Fra-Fra Errázuriz y accedí por-
> que la UDI me había echado de la universidad
> Andrés Bello y mi campaña, financiada enteramen-
> te por Errázuriz, me permitía recibir un modesto
> ingreso para pagar la enfermera de mi madre. En
> esa oportunidad le pedí la opinión a Ricardo
> [Lagos] y él me dijo que era fantástico, pero que no
> me metiera con el Fra-Fra, que hablara con Pinochet
> y que él moviera los hilos en la derecha. Entonces le
> conté a Augusto y él me dijo: "Mónica, tú no eres
> huasa, no veo qué vas a hacer a la Sexta Región, no
> te veo ningún futuro, vas a perder esa elección; yo
> no te puedo ayudar porque en materia política no
> muevo un dedo, pero sí sé que andan todos los mili-
> cos trabajando por Chadwick". Esa es la historia
> actual.

Otra mujer de la que se dice que tuvo un ascen-
diente importante sobre Pinochet es Liliana Mahn[6].
Ella lo conoció siendo adolescente, ya que él era
subdirector de la Academia de Guerra cuando su
padre, Alfredo Mahn, era el director. En el libro
Confesiones, de Sergio Marras, Liliana Mahn contó
su relación con él:

6   Liliana Mahn fue Directora del Servicio Nacional de Turismo
     (SERNATUR) entre 1974 y 1979. Posteriormente se desempe-
     ñó como conductora de televisióny relacionadora pública de
     empresas, mientras de arrimaba a las fuerzas que se oponían
     a Pinochet. Entre 1983 y 1985 fue Directora de la División de
     Turismo de la OEA.

Yo estaba en primer o segundo año en la Escuela de Ciencias Políticas e iba mucho a la Academia de Guerra por razones prácticas. Prefería esperar ahí a que saliera mi papá e irme en el auto con él a casa. Me iba a la academia con cierta frecuencia, algo así como una vez a la semana, y me encontraba al subdirector Pinochet esperando las firmas y las últimas instrucciones. Me acuerdo de un señor parco pero afable, relativamente tímido, algo introvertido, una persona no muy habladora y sumamente respetuosa con sus superiores.

En el mismo libro, Liliana Mahn precisó que "yo nunca fui una persona cercana a Pinochet. Hay gente que cree que yo tenía acceso directo a él, pero eso no es cierto", y relató con pormenores su salida del gobierno, en 1979. La escena es significativa:

No le dije todo, pero sí le dije mucho más que en los cinco años anteriores. Cuando fui a hablar con él, en mayo del 79, con mi renuncia redactada y firmada, se mostró sorprendido, a pesar de que yo sabía que él estaba advertido. Me preguntó por mis problemas personales, le expliqué que mi ex marido se había vuelto a casar y que yo insistía en irme, pues necesitaba dedicarme a mis tres hijos y asumir mi hogar en plenitud. El me pidió que me quedara un mes más, pues no había pensado siquiera en quién podría reemplazarme.

Primero me mantuve en mi posición de renunciar ese mismo día, pero luego acepté, total un mes más. Sonrió y me dijo: "Bueno, y así me da tiempo para pensar qué vamos a hacer con usted". Honradamente le pregunté qué quería decir con eso: "Bueno, buscarle un puesto en una embajada o en una delegación; en fin, ayudarla". No pude retener mi enojo y, aunque traté de ser educada, repliqué: "Mire, don Augusto, yo no he pedido nada y usted no me va a buscar nada. Yo soy dueña de mi vida y sabré lo que haré con ella". Se alteró bastante y me dijo: "Mire, señorita, yo la quiero premiar por todo lo que ha hecho, le pido que no me conteste ahora, pero que lo piense". "¿Premiarme? ¿Por qué? Usted no necesita hacer eso, porque mi premio han sido todos y cada uno de los días en que fui directora de turismo de este país. Además, ¿sabe usted lo que dicen afuera de estas paredes cuando usted premia a alguien? O que se lo quiere sacar de encima o que metió la pata o que hay que 'submarinearlo', y ése no es mi caso. Además no quiero irme de Chile". "Pero usted sabe idiomas, es profesional, le haría bien". "Mire, Presidente", le dije ya bastante molesta, "yo fui formada académicamente para eso, pero no podría representar afuera una verdad que no me queda clara adentro de mi país. Yo estoy feliz de haber servido a mi país, pero usted no me debe nada". Ahí se irritó lo suficiente como para decirme que no fuera soberbia y yo le contesté que para mí era distinta la soberbia de la dignidad. Entonces me dijo: "váyase no más, pero va a venir otra vez a hablar conmigo". Yo le dije: "Espero que no". Nunca más volví.

Capítulo 4
Un hombre muy formal

Los horarios, las imposiciones, la perentoriedad: el deber. Augusto Pinochet ha gastado su vida en eso, una construcción granito a granito, segundo a segundo, de deberes impuestos como único norte. Uno sospecha que el hombre no se entrega al placer, o lo ha entrevisto desde lejos, o se lo han referido como un pecado, o lo ha rehuido simplemente porque le da miedo. Lo suyo es el rigor. El mundo está delimitado por instrucciones de uso, reglas inamovibles; la vida es una cadena de normas grandes y pequeñas, o una sola y gran norma que lo engloba todo con un color monocorde. Uno sospecha que es el tipo de persona que jamás extravía las llaves ni el carnet, y que cuando viaja nunca olvida la espuma de afeitar ni la peineta de carey. El tiempo y el espacio: todo tiene su medida y cualquier desvío es simplemente intolerable. Se trata de un rasgo frecuente entre militares, o sencillamente constitutivo del mundo militar, pero en su caso ha sido llevado hasta el paroxismo, y explica no pocas de las decisiones personales y políticas que fue tomando en el último cuarto de siglo. "Tengo los pantalones amarrados con fierro", afirmó en una entrevista, y la frase acabó tornándose en emblema.

-Mire -explicó con orgullo en 1986, me levanto todos los días entre las cinco y media y las seis de la mañana. Después, normalmente, hago gimnasia un cuarto de hora; en fin, diferentes ejercicios, pesas, bicicleta y otros. De las seis y media hasta las siete me arreglo, y a las siete y cuarto ya estoy camino al trabajo. Llego entre las siete y cuarto y las siete y media a La Moneda.

Cumplió esa jornada laboral -que terminaba entre las ocho y media y las nueve de la noche- durante los diecisiete años en que estuvo al mando del país. En aquella misma entrevista, añadía:

-A las diez de la noche ya estoy en cama, generalmente leyendo materias filosóficas, de historia, política, en fin. Leo un cuarto de hora.

Lo de vivir prisionero del reloj no se refiere solamente a los asuntos de trabajo. Su hija Lucía declaró en una oportunidad que una de las mayores preocupaciones de su madre tenía que ver con esa obsesión de su marido por los tiempos y los minutos. "Es terrible", dijo. "Todo lo hace por horario. En las vacaciones, por ejemplo, duerme media hora tendido al sol, nada diez minutos, camina un cuarto de hora, y así".

Hasta la forzosa modificación de sus hábitos en Londres, el esquema se repetía gloriosamente cada domingo. Lo confesó con orgullo el propio Pinochet. "Me levanto a las nueve de la mañana. Después leo los diarios. Me demoro dos horas, porque subrayo las informaciones que el día lunes tienen que ver los analistas. De once a doce, troto o camino a paso vivo. Cuando estoy en Viña, lo hago en el patio. Y cuando estoy en la casa de Presidente Errázuriz (en Santiago), hago lo mismo en el jardín".

Los juegos con los nietos y el almuerzo tenían en su agenda dominical el mismo espacio acotado. "Almuerzo y juego con ellos entre la una y media y las 2:05".

Aplicó el mismo rigor en la educación de sus hijos. En una ocasión confesó que quizá se le pasó la mano en la estrictez del trato:

-Me tenían pánico, porque me encontraban algo así como un ogro.

Pinochet es completamente indiferente a las comidas. Sostiene que podría vivir tragando píldoras; su dieta ha sido siempre -siempre- la misma. Al desayuno se impone un té puro ("con sacarina para no engordar"), tostadas sin mantequilla ("para que no suba el colesterol") y a veces un pedazo de jamón, además de un jugo de naranjas. Al almuerzo el régimen es parecido: alcachofas, espárragos, tomates, porotos verdes y un pedacito de carne con papas cocidas.

Hasta hace poco se jactaba de no dormir ni un minuto más de cinco horas ("¡de acuerdo a reglamento!"). Nunca ha fumado. Bebe -o bebía- sólo las gotas necesarias para cumplir con el protocolo. Cuando todavía estaba sano y parecía tener una salud de hierro, se hacía dos chequeos médicos a la semana, "por si acaso". Dos periodistas lo visitaron en 1984 en la hacienda Bucalemu, donde pasaba sus vacaciones como mandatario.

-¿Duerme siesta, Presidente?

-No. A esa hora me encierro en mi oficina a trabajar. Recibo las carpetas que me llegan a diario desde Santiago, estudio proyectos, firmo documentos.

-Bueno, entonces de descanso sus vacaciones tienen poco o nada...

-¿Y quién ha dicho que yo descanso?

En 1986, los responsables de comunicaciones de su régimen discurrieron lanzar una campaña de relaciones públicas con la imagen del hombre saludable y deportivo. En la prensa oficialista aparecieron fotografías de Pinochet trotando -aunque no en círculos en el patio de su casa, sino en amplios jardines- y haciendo pesas y flexiones en complejos aparatos deportivos. No fue una buena idea. Ni a corto plazo, porque esas fotos se prestaron para todo tipo de sarcasmos por parte de la oposición, ni a largo plazo, porque su salud acabó por resentirse como resultado de esos mismos ejercicios.

Un dato significativo: Pinochet gozó de una notable salud, no se le conocieron enfermedades importantes, no faltó un solo día al trabajo hasta el mismo día de marzo de 1990 en el cual, tras perder el plebiscito (1988) y las elecciones (1989), debió entregar la banda tricolor de Presidente de la República al demócráta cristiano Patricio Aylwin. Prácticamente ese mismo día comenzaron los achaques, y ya nunca más se detuvieron. ¿Por qué? ¿Porque es un individuo que no sabe descansar? ¿Porque cuando desapareció la adrenalina cotidiana del ejercicio del poder le bajaron las defensas? ¿O era ya, a esas alturas, *un adicto al poder*? Los datos oficiales señalan que a este hombre al que no se le conocía enfermedad le diagnosticaron en 1990 rinitis alérgica; en 1991 comenzó a usar gafas ante los reiterados errores que cometía en los discursos; en 1992 fue operado por una arritmia y se le instaló un marcapasos; en 1993 comenzó a utilizar un aparato auditivo (se dañó el tímpano en prácticas de tiro, pues desde joven se jactó de disparar sin protección); en 1996 debió ser internado en el Hospital Militar debido a un alza alarmante en la presión; en 1997 sufrió un desmayo en público durante un almuerzo en Arica, aunque no se conocieron los motivos. Hoy, además, Pinochet -ese guerrero que otrora irritaba a sus enemigos con su inquebrantable salud- sufre de diabetes y de aneurisma cerebral (inflamaciones en los vasos sanguíneos del cerebro, posiblemente la causa del desvanecimiento ariqueño). Pero sus peores males fueron provocados por su empecinada costumbre de imponerse sudorosos ejercicios y levantamiento de pesas -se negó siempre a cualquier tutoría deportiva-, que acabaron por provocarle problemas en las articulaciones de la rodilla izquierda y ¡ay! la hernia lumbar que lo postró en Londres, con las consecuencias conocidas. (Se podría conjeturar que su propia tozudez lo llevó a la perdición.) De sus males físicos hay uno, causado por la senilidad, que preocupa sobremanera a sus asesores: su salud mental, puesta en cuestión por sus propios abogados. "Si el general Pinochet ha perdido lucidez, como producto de tanto maltrato y de la misma edad", confidenció uno de sus asesores, "para nosotros sería un problema mayor, pues nadie estaría en condiciones de decírselo, nadie podría sugerirle que lo mejor en ese momento sería que se fuera a descansar. Su propia biografía lo ha transformado en un hombre muy terco. Sólo podría decírselo su mujer, pero dudo que estuviera de acuerdo. Tal vez la única en quien podríamos confiar en esa coyuntura es su hija Lucía, la más lúcida de la familia".

Pinochet fue desde joven un tirador escogido. "Donde pongo el ojo, pongo la bala", decía con frecuencia. Federico Willoughby, quien como portavoz trabajó a su lado ("codo a codo") durante tres años desde el mismo día del golpe militar, comenta:

> Al pensar en Pinochet uno piensa en uno de esos viejos combatientes. No en vano es cinturón negro en karate y un tirador como muy pocos. Me consta personalmente que con una pistola es capaz de

romper una tarjeta de visita puesta de canto a diez metros de distancia.

Añade Willoughby:

Pinochet tiene esa cosa rural chilena, una especie de picardía criolla. Cuando no está de mal humor, puede ser muy simpático, canchero. Por eso socialmente se maneja muy bien con las mujeres. Puede ser muy cálido. A algunos extranjeros que lo han visitado les causó efectivamente una impresión que acabó por cautivarlos, y esos mismos visitantes son quienes después sostienen a brazo partido que él no puede haber sido capaz de dar un golpe de estado, que otros lo deben haber hecho a nombre de él.

Según el mismo ex portavoz, Pinochet está realmente convencido de que él le ha hecho un favor al país, y no a la inversa.

Entonces, claro, se ha cobrado algunas cosas, caprichos. Pero nadie puede decir que es flojo. Cuando era Presidente, cada mañana, cuando llegaba a su oficina, sentía el país aquí, en la palma de la mano. Yo vi cómo disfrutaba esa sensación. Hablaba muy temprano con sus ministros, subsecretarios y colaboradores, y andaba preocupado de detalles como que el jefe del Correo de Ñuñoa era marxista y a lo mejor le andaba abriendo las cartas a la Tatiana, hermana de su mujer, que vive en Ñuñoa, o de cosas como que no le dieron permiso a la jefa de personal de Soquimich en María Elena para que tomara vacaciones. Recibía infinitas cartas personales de todos lados, y se preocupaba de responderlas él mismo. Durante el tiempo en que estuvo en el poder, si se hiciera una estadística, Pinochet debe haber respondido unas veinticinco mil cartas.

Moy de Tohá recuerda nítidamente el tiempo (1972-1973) en que ella y su marido frecuentaban al matrimonio Pinochet:

En esa época, teníamos que asistir periódica-
mente a muchas reuniones. Con José no éramos
muy fiesteros, y entonces con Pinochet, que tampoco era bueno para la fiesta, nos hacíamos un pequeño gesto y partíamos, dando por terminado el compromiso. Pasábamos entonces a comprar comida
preparada al Roma, en avenida Providencia, y nos
íbamos a nuestra casa, que quedaba en Enrique
Foster, en un primer piso. Pinochet además solía ir
a nuestra terraza a tomar un aperitivo los domin-
gos. Hubo un momento en que nos veíamos casi
todos los días. Se dio allí, con Pinochet y con su
mujer, una relación humana, de confianza, bastante
rica. Claro que esa lealtad que se jugó entonces, en
la que yo creí, después del golpe no sirvió de nada.
Ni siquiera para salvarle la vida a José[1].

De aquel período, Moy de Tohá recuerda así al
general retirado:

> Aunque a muchos les podría resultar difícil de
> creer, Pinochet era una persona de comunicación
> fácil, aunque carente de toda sensualidad. No dis-
> frutaba de nada que no tuviera relación con el

1   José Tohá fue detenido el día del golpe de estado. El 15 de septiembre de 1973 fue enviado como "prisionero de guerra" a la
Isla Dawson, en el extremo austral del Chile, junto a varios de
los principales colaboradores del Presidente Salvador
Allende, quienes fueron capturados durante los primeros días
del régimen militar o se presentaron voluntariamente ante los
requerimientos de los militares. Enfermo, Tohá fue trasladado
a Santiago el 9 de Febrero de 1974. Murió el 15 de marzo de
ese año. Según la versión oficial, se suicidó colgándose de un
cinturón en un closet de su habitación del Hospital Militar.
Según Sergio Bitar, ministro de Minería de Allende, quien
compartió con él la prisión en Dawson, durante su estadía en
Santiago Tohá fue trasladado del Hospital Militar a la
Academia de Guerra de la FACh y, debido al durísimo trata-
miento al que fue sometido, junto a su deteriorado estado físi-
co, entró en una profunda depresión. (Para detalles, véase *Isla
10* de Sergio Bitar).

Ejército y la milicia. Ese era su leit-motiv, su manera de sentirse bien. Era una especie de huaso chileno muy afectuoso. Muy seguro en materias militares, opinaba muy poco de otras materias, que no entendía. En general, opinaba de muy pocas cosas, pero cuando lo hacía a menudo era en forma iracunda, como cuando comentaba los intentos desestabilizadores contra el gobierno de Allende de parte de la derecha. Claro, ya entonces tenía una mentalidad autoritaria, como la mayor parte de los oficiales, por lo demás, ya que en sus regimientos son unos verdaderos emperadores. Eso sí: este rasgo en Pinochet era todavía más marcado que en sus colegas del alto mando. Primero, porque él no tiene capacidad intelectual, y eso él mismo lo supo siempre. Y, luego, porque se sabe incapaz de elaborar un discurso de diez minutos sin balbucear. Pinochet era hosco por su timidez, por su falta de iniciativa, por su lealtad de hombre obediente. Jamás lo escuché hablar de cine, de teatro, de algún libro que no tratara la cosa militar.

Pinochet mismo, en cambio, ha asegurado que sí le gusta mucho el cine.

-Cualquier tipo de película -dijo en una entrevista-, sobre todo las cómicas.

En esa misma entrevista, publicada en mayo de 1977, le preguntaron qué problemas mundiales eran los que más le preocupaban.

-Todos -respondió .

En aquella oportunidad dejó traslucir otro rasgo decidor de su personalidad, cuando empujó suavemente a la periodista, sentándola en un sofá.

-Ahora yo la miro desde arriba -dijo.

Para Pinochet son de una obsesiva importancia las formalidades y los símbolos exteriores. No pocas veces intentó inculcárselos al país, sin mucho éxito, como cuando en septiembre de 1974 Matías Vial, escultor oficial, diseñó una estampilla y una medalla con un ángel que rompe unas cadenas sobre la leyenda: *Renace la Patria.* Hoy es un icono del que nadie se acuerda. Otro ejemplo es el Altar de la Patria (la "llama de la libertad"): pese a estar ubicado en el corazón de Santiago y a la vista de todos (Alameda frente al Palacio de La Moneda), hoy es casi completamente ignorado, salvo cuando se trata de ceremonias oficiales. Tiempo atrás fue detenida una vecina a quien se le estropeó la cocina de su casa y estimó práctico llevar hasta esa llama unos huevos para freírlos.

Un ex oficial, colaborador de Pinochet durante años, estima que el general es otro cuando está con uniforme:

> Se atrinchera detrás del uniforme. Cada vez que se lo pone, se transforma. Por esto usaba una gorra militar cinco centímetros más alta que las de los otros generales, y zapatos con taco, pese a no ser un hombre bajo. Acudía, en definitiva, a todo lo que le pudiera dar seguridad y que le permitiera ubicarse, incluso físicamente, en una situación superior. En una ocasión nos llamó a varios asesores y ministros un día domingo, por un asunto de urgencia. Sucedió que uno de ellos llegó a la oficina con tenida informal, pues estaba descansando en su casa cuando lo llamaron. Pinochet se acercó a él y le pidió que saliera y no volviera hasta que se hubiera puesto una corbata. Un portero tuvo que ayudar a mi colega a salir del paso, prestándole la suya.

Un general en retiro, que trabajó con Pinochet en el Ejército y en el gobierno, evoca también este rasgo distintivo:

> Cuando Pinochet hacía clases en la Escuela Militar, siendo mayor, nunca llamaba a sus cursos a formarse. Simplemente se instalaba al frente de la cuadra y se apoyaba en su sable. Y cuando sonaba la campana ya toda la compañía estaba formada. Para él, el mando no se debe justificar, el mando se ejerce por el mando. Sus colaboradores siempre supimos muy bien que no podíamos llegar después de las ocho de la mañana a nuestros despachos, porque a esa hora él ya nos estaba llamando por teléfono.

Willoughby, por su parte, llegó a algunas conclusiones sobre cuáles son para Pinochet los valores más permanentes:

> En primer lugar, su familia. Y luego su institución, el Ejército. Es muy sensible respecto de los temas que tienen que ver con su familia, y muy frío y cerebral en lo que respecta a su trabajo. Con el correr del tiempo se fue haciendo muy manifiesta en él la tendencia a fundir el hombre en la institución. Quien lo saluda a él está saludando a la institución. Un hombre perspicaz como el general Sinclair, después del atentado del 86, se refirió a él en términos de "su sagrada figura". Es una calificación que ni siquiera corresponde para el Papa, pero Sinclair sabía que para Pinochet este tipo de detalles son muy importantes y que había que llenar ese hueco.

Cuando Willoughby fue portavoz del gobierno se dirigía diariamente a la casa de Pinochet por la mañana, y se reunía con él varias veces al día hasta las nueve de la noche:

De lo que recuerdo, aprecié su comprensión de que estaba en un medio, el político, en el cual tenía que aprender. Pinochet es un hombre lento para tomar decisiones. Como que las rumia largamente, en silencio, pero una vez que las toma lo hace a fondo, aunque se venga abajo el mundo. Pero también puede ser un hombre muy impulsivo. Recuerdo que para nosotros una de las tareas más difíciles era que se diera cuenta de que no podía improvisar. Porque entonces le ocurrían cosas como cuando, en la mitad de un discurso, a la vuelta de su frustrado viaje a Filipinas, en el enardecimiento, anunció que rompía relaciones con ese país. Armó un lío increíble que después los diplomáticos tuvieron que desenredar. O cuando le pedía a la gente que se fuera a inscribir a la municipalidad al día siguiente. O cuando le prometió a una ciudad nortina que él les bajaría el precio de la luz eléctrica, y después los economistas en Santiago tuvieron que echar pie atrás porque esa promesa rompía todos los presupuestos.

Con todo, sostiene, "conseguimos hacer de él un Presidente". Explica:

Por lo menos lo conseguimos en lo formal. Había que hacer un Presidente de la República. Que se vistiera como Presidente, que hablara como Presidente, que tuviera dentadura de Presidente. Y al cabo de un tiempo eso era así. Pinochet fue bastante sagaz para aprender economía, y para manejarse socialmente, y para conducirse en reuniones con otros mandatarios. Esto no era fácil. No hay que olvidar que Pinochet se había pasado la vida con subalternos que a todo le decían "sí mi capitán", "sí mi coronel", rodeado de gente que lo encontraba a la altura de Mao, y que le decía lo bien que salió en la televisión con sus ojos azules o que su discurso había sido más coherente que la Biblia, en fin. Esto tenía consecuencias que en el plano interno eran fáciles de solucionar, pues nadie podía cuestionarlo, pero era en otros ámbitos cuando sus asesores teníamos que empezar a trabajar. Recuerdo que, en una ocasión, con el general Videla, entonces Presidente de Argentina, se pusieron a conversar e hicieron un mapa en una servilleta. ¡Ese mapa, esa servilleta, pasó después a ser parte formal de la historia procesal del litigio con Argentina! Eso ocurrió en Puerto Montt, en la reunión de Llanquihue. Por cierto, más tarde, ni a la Junta Militar chilena ni a la argentina les gustó la servilleta. Sobre todo a la argentina... En fin, es por esto que digo que tuvimos que hacer un Presidente. Y no digo mal de él cuando digo que tuvimos que enseñarle a hablar. Un Presidente requiere de una dialéctica de conversación y de un cierto poder de convencimiento que va adquiriendo en la vida cívica. En una estructura militar, en cambio, el individuo está acostumbrado a dar y recibir órdenes, nada más. Los consejos de estado de Pinochet no eran espacios en los que se discutieran ideas o puntos de vista. Consistían en una o dos exposiciones, algunos comentarios y ciertas instrucciones. Punto.

Capítulo 5
El golpe

Con el proceso judicial de Londres, han adquirido insospechada relevancia aspectos que hasta ahora habían tenido un carácter relativamente anecdótico, como el momento en que Pinochet se convirtió en jefe de estado, o la fecha en que se sumó al golpe militar. Paradójicamente, lo que él siempre ha sostenido -que planificó el golpe con gran antelación- es ahora un argumento que juega en su contra.

Sin embargo, más allá de los vericuetos legales, un hecho a estas alturas parece indesmentible: Pinochet se encaramó en el golpe en las últimas horas, vacilando sintomáticamente hasta el final. Claro que cuando logró armarse de valor y tomó la decisión, lo hizo de un modo feroz: fue el más duro entre los duros, el más frío y despiadado. Desde los quince años su mundo osciló entre dos variables: obedecer y mandar. Nada de diálogos ni parlamentos. Pinochet obedeció siempre sin chistar, y cuando le tocó mandar exigió obediencia a rajatabla. Desde el 11 de septiembre de 1973, y durante diecisiete años, hizo lo mismo con un país entero.

Todo comenzó durante el gobierno de Salvador Allende. Lo que pensó y sintió Pinochet en esos días no lo sabe nadie. Pero están los hechos públicos.

No es broma: el domingo 5 de diciembre de 1971, la prensa partidaria de la Unidad Popular celebró jubilosa a un general de Ejército, Augusto Pinochet Ugarte. ¿Qué había ocurrido? Pinochet, que entonces era Comandante en Jefe de la Zona de Emergencia, había decidido presentar una querella contra el diario derechista *Tribuna* por "graves ofensas a la dignidad de las Fuerzas Armadas", el mismo día en que abandonaba el país el Presidente cubano Fidel Castro después de permanecer en Chile durante 25 días.

El tabloide izquierdista *Puro Chile* tituló esa mañana: "En Chile no habrá golpe de estado, notificó el general Augusto Pinochet a los momios sediciosos de la derecha". El "Enano Maldito", personaje característico de ese diario, acotaba: "A su orden, mi general Pinochet. Usted lo dijo claramente: ¡En Chile no habrá golpe de estado!"

En su última página, *Puro Chile* reseñaba en una crónica lo dicho por Pinochet a los periodistas en el momento de anunciar la querella: «*Tribuna* apuntó los cañones de frentón en contra nuestra . Cara a cara con el director del periódico derechista, Pinochet señaló: "Yo no me he vendido, señor, por treinta monedas. Le seguiré juicio militar a *Tribuna*".

El texto de *Tribuna* rezaba: "Nuestra lucha recién comienza. Las Fuerzas Armadas se entregaron por un automóvil nuevo, por una casa, por un aumento de sueldo. Los carabineros tienen miedo".

Pinochet remató su intervención indicando a los periodistas presentes:

-Por favor, señores, bajen la presión. He pedido en todos los tonos que los diarios no titulen incitando a la violencia. Les solicito nuevamente que asuman sus serias responsabilidades con un mayor nivel de conciencia pública frente a los problemas que estamos viviendo. ¿Qué quieren? ¿Una guerra civil? Porque golpes de estado no ocurren en Chile.

Veintiún meses y seis días transcurrieron entre esa mañana y la del 11 de septiembre de 1973. ¿Cómo llegó al golpe de Estado? ¿Acción premeditada? ¿Accidente histórico? ¿Arribismo? ¿Debilidad? ¿Supervivencia?

Durante todo el gobierno de la Unidad Popular, hasta el día del golpe, el principal rasgo de Pinochet fue el de ser un "militar leal": al Ejército, al Comandante en Jefe Carlos Prats, al gobierno constitucional de Salvador Allende. Ni brillante, ni sagaz, ni golpista. Leal, a secas, era su rasgo distintivo, su carta de presentación

Un ex asesor suyo afirma:

-Augusto era una persona que siempre se fue contentando con lo que tenía: ser coronel, ser general, llegar a ser jefe de división, luego jefe de estado mayor, todo eso era su mayor ambición. No tuvo mucho tiempo de pensar en llegar a ser Comandante en Jefe, porque en 1973 cumplía cuarenta años de servicio y debía pasar a retiro.

Su prima Mónica Madariaga opinó también sobre este tema:

-Pinochet carecía de toda clase de ambiciones que no fueran las propias de su carrera militar regular. Era un "muchacho bonachón y cariñoso" más entregado a su esposa e hijos que a afanes "extraliterarios", aunque de haberlos los hubo, según cuentan por ahí. Era ajeno por completo a la política, tanto, que fue una sorpresa familiar saber que, algún tiempo antes del golpe, fue a visitar a los mineros en huelga en Rancagua (o algo parecido a eso); ¿allendista?, diría que imposible, Lucía Hiriart lo habría destituido del hogar y eso era un problema grave; ¿democratacristiano?, no, su hija mayor sí, pero no por influencia paterna. Más bien pienso que él carecía de una definición ideológica determinada. Estas características, unidas al cumplimiento que había dado a los consejos de su apoderado, el general Portales Mourgues (no ser el primero ni el último), hacían increíble para todo aquel que lo conociera socialmente pensar que pudiese ser el hombre del pronunciamiento militar. ¿Lo motivó la arenga de su esposa frente al lecho de sus nietecitos? Sólo la historia podrá aclararlo.

Refiriéndose al tema de los derechos humanos y a los colaboradores de Pinochet, dice la ex ministra:

-De repente pienso que algunos personajes, para no perder influencia en el poder, rendían honores a una suerte de Dios al que creían sanguinario. ¿Por qué iba a desaparecer ese muchacho bonachón del que hablaba mi papá? Ese muchacho bonachón que no prepara el golpe, sino que se sube; que trata de decir que lo preparó, pero no: él preparaba sólo juegos de guerra.

Bajo la presidencia de Allende, Pinochet siempre se refirió en forma respetuosa al primer mandatario: nunca una mala palabra, jamás una observación crítica. Era cauteloso, cierto, pero eso no le impedía indignarse cuando la prensa opositora atacaba con agresividad al gobierno.

Moy de Tohá recuerda:

-Se enojaba mucho cuando veía en los diarios titulares que a él le parecía que le faltaban el respeto al gobierno. Ahí se ponía rabioso. Decía "esto no se puede tolerar, es una falta de respeto". Una vez, cuando en el diario *La Segunda* apareció un titular que ofendía a José [Tohá], Pinochet llegó a verlo con el diario en la mano y le dijo: "¿Vio, ministro?", y lo dejó caer indignado arriba de la mesa.

Con Carlos Prats, su Comandante en Jefe, Pinochet se comportaba de la misma manera. Un ejemplo: el 20 de abril de 1972, Prats volvió de una breve gira por el extremo sur del país. Pinochet lo fue a recibir y de inmediato le informó sobre "los sarcásticos ataques lanzados por el senador Julio Durán", a propósito de unas declaraciones en las que Prats había afirmado que "no hay grupos armados en Chile". Un mes antes, el 24 de marzo, Pinochet había sido diligente para informar a Prats acerca del "descubrimiento de un complot, dirigido por el ex mayor Arturo Marshall, donde aparecen implicados algunos oficiales del Batallón Blindado número dos y de la Escuela de Paracaidistas". En esa ocasión, Pinochet no vaciló en presentar una demanda legal en el Segundo Juzgado Militar e iniciar, paralelamente, una investigación sumaria administrativa.

Cuando Carlos Prats dejó el Ministerio del Interior, el 27 de marzo de 1973 -había estado allí casi cinco meses-, y retomó sus funciones como Comandante en Jefe del Ejército, anotó sobre la labor de su subrogante (como quedó registrado en su libro póstumo *Memorias: testimonio de un soldado*): "Me enfrasco de inmediato en los variados asuntos institucionales que mi subrogante, el general Pinochet, ha manejado con sentido de responsabilidad y lealtad, liberándome durante mi gestión ministerial del fardo del problema del mando que a toda hora pende de las resoluciones del Comandante en Jefe".

La situación política era tensa. Por todos lados sonaban campanas de deliberación al interior de las Fuerzas Armadas. Prats decidió reunirse, el 13 de abril de ese año 73, en el teatro de la Escuela Militar, con alrededor de seiscientos oficiales de la Guarnición de Santiago, desde generales hasta subtenientes. En la reunión hizo hincapié en su deber de "cautelar, a cualquier costo, la cohesión y disciplina institucionales", y se refirió a "la campaña sicológica dirigida especialmente a perturbar la mentalidad profesional de la oficialidad".

-La extrema derecha -dijo Prats- pretende quebrar la disciplina institucional para arrastrar a la oficialidad a aventuras sin destino, y la extrema izquierda intenta infiltrarse en las filas para debilitar la cohesión institucional.

El jueves 26 de abril, Prats nuevamente debió dejar temporalmente la jefatura del Ejército en manos del general Pinochet, para viajar a Estados Unidos y España por asuntos de equipamiento institucional. De vuelta en Chile, el 5 de junio, Prats advirtió que la situación interna del país era cada vez más conflictiva. Pinochet le presentó breves informes: se había declarado estado de zona de emergencia; se habían requisado armas en locales de grupos fascistas; estaba procesado judicialmente el ministro secretario general del gobierno; habían sido acusados constitucionalmente dos ministros de estado; y seguía sin variantes el paro del mineral cuprífero El Teniente. Pinochet también le hizo ver los ataques que había recibido el propio Prats durante su gira en casi toda la prensa de oposición.

En la mañana del sábado 9 de junio, Prats se reunió con su subalterno para analizar la situación del país. Coincidieron en la importancia de buscar una salida política a la fuerte lucha entre corrientes ideológicas. Pinochet manifestó el temor de que "los acontecimientos se precipiten y la oficialidad del Ejército le exija [a Prats] una pública definición de la institución". Ambos concordaron, además, en que el Servicio de Inteligencia Militar (SIM) "está actuando con debilidad y no investiga las actividades extremistas de la derecha".

Al día siguiente se sentaron en la misma mesa los generales Prats, Urbina, Pinochet, Sepúlveda y Pickering, y concluyeron que "se requiere un llamado del gobierno a la oposición para aplicar un programa eficiente de acción económica, a través de un gabinete de administración integrado por civiles y representantes de las Fuerzas Armadas". Los generales coincidieron en que no quedaba otra alternativa para evitar que el país "se sumerja en una guerra civil o se produzca un golpe de estado".

El lunes 12 de junio, a raíz de que Prats rechazara la renuncia del general Contreras Fischer, de Ingeniería Militar, se produjo el único roce conocido entre el Comandante en Jefe y el general Pinochet. Mientras actuaba como subrogante, Pinochet había mantenido una dura posición ante los ingenieros militares, en el sentido de no aceptar ninguna presión, y se sentía desautorizado por Prats, que era más conciliador.

Pinochet incluso puso su renuncia a disposición de Prats, pero luego recapacitó y se sometió a la decisión de su jefe.

La situación política se caldeaba cada día más. En el diario *El Mercurio* en esos días se reprodujeron conceptos del tratadista Pedro Ortiz Muñoz, escritos en 1945, bajo el título *La misión de las Fuerzas Armadas*: "Cuando los ciudadanos que intervienen en política llegan a un grado tal de descomposición moral con sus actitudes contrarias a la Constitución y a las leyes, las Fuerzas Armadas tienen la obligación de actuar en defensa del régimen democrático".

El 29 de junio, soldados del Batallón Blindado número dos se sublevaron e intentaron atacar el Palacio de Gobierno. La asonada golpista fue controlada en un par de horas. Prats narraría en sus memorias: "En ese momento alcanzaron la calzada de la calle Moneda, frente a la puerta principal del Palacio de Gobierno, efectivos del Regimiento Buin, que tenían la misión de atacar a los amotinados desde el norte. Los encabezaba el general Augusto Pinochet, jefe del Estado Mayor del Ejército, en uniforme de combate. Pinochet me abrazó".

Después del "tancazo", como fue conocido el frustrado golpe, renunció a su cargo el ministro de Defensa José Tohá. El matrimonio Pinochet le envió al matrimonio Tohá una tarjeta de saludos y agradecimientos:

> Lucía y Augusto Pinochet Ugarte, General de División, saludan atentamente a los distinguidos amigos D. José Tohá G. y Sra. Victoria E. Morales de Tohá, y en forma muy sentida les agradecen el noble gesto de amistad que tuvieron al despedirse de su gestión ministerial.

Lucía y Augusto les expresan el sentido afecto que ellos tienen por el matrimonio Tohá-Morales y les piden que los sigan considerando sus amigos.

Esperamos que al regreso de Lucía tengamos la suerte de compartir la grata compañía de ustedes. Mientras tanto, reciban el saludo y el afecto de siempre.

Santiago, 10 de julio de 1973.

Pero la conspiración golpista ya estaba en marcha en la cúpula de las Fuerzas Armadas. Hacia fines del mes de junio, los altos mandos del Ejército, la Marina y la Aviación formaron el "Comité de los Quince". El propósito formal de esta instancia era "analizar la situación del país". A raíz del "tancazo", este comité redactó un documento en el que pedían que las Fuerzas Armadas pasaran a integrar de manera significativa el gabinete. No hubo respuesta oficial. Según lo expresaron algunos miembros de ese comité en un reportaje publicado años después en la revista *Apsi* (septiembre de 1985), "a partir de entonces las reuniones comenzaron a ser conspirativas, y en esa etapa se dejó fuera al general Pinochet, porque no era confiable y solía molestarse cuando se criticaba al general Prats".

El propio Prats dejó constancia de esto en sus memorias póstumas:

Jueves 12 de julio. 10 horas. El Jefe de Estado Mayor de la Defensa Nacional, almirante Patricio Carvajal, me sugiere que autorice a los generales del Ejército para que concurran a una nueva reunión de generales y almirantes, a fin de coordinar criterios sobre la acción de las FF.AA. en los allanamientos por la Ley de Control de Armas. Le respondo que no tengo inconveniente, siempre que el temario se circunscriba a eso y que se trabaje sobre la base de una estricta aplicación tanto de las normas de esta ley como de las disposiciones legales que especifican la mecánica de los allanamientos por mandato judicial. Estas reuniones eran sutilmente deliberativas. Yo no erraba al presumir esto, pero pensaba que era contraproducente prohibirlas en lo concerniente al Ejército, porque, además de demostrar desconfianza en los seis generales que asistían, habría estimulado reuniones clandestinas conspirativas. Como a ellas asistía el Jefe de Estado Mayor del Ejército, general Pinochet, en quien depositaba toda mi confianza, él se encargaría de informarme de cualquier desviación violatoria de la disciplina en que se pudiera incurrir. 18 horas: Pinochet confirma mi presunción de que en la reunión sostenida entre quince generales y almirantes se habían deslizado "inquietudes" respecto de la acción del gobierno, adecuadamente en cubiertas para no dar pie a reacciones de los comandantes en jefe.

El general en retiro de la Fuerza Aérea, Nicanor Díaz Estrada, ministro del Trabajo de Pinochet en los primeros años, relataría desde otro ángulo ese episodio en el libro *Confesiones*, de Sergio Marras:

> Me acuerdo como si fuera hoy, porque era una mesa cuadrada. Estaba Carvajal, que era jefe del Estado Mayor de la Defensa, al lado de Pinochet, que era jefe del Estado Mayor del Ejército. Yo era el general menos antiguo de las Fuerzas Armadas. Carvajal le dijo a Pinochet: "Como tú eres el más antiguo, te ofrezco la palabra". Y Pinochet dijo: "No podemos hablar". "Pero ¿por qué?", le contestó Carvajal. Respondió Pinochet: "Porque no podemos hablar de política, está prohibido, pero podemos hablar de economía". Y ahí saltaron Bonilla y Arellano Stark, y empezaron otros a hablar. Pero él no quería hablar.

En el reportaje de la revista *Apsi* se indica que los generales golpistas decidieron tomar precauciones y por lo tanto ya no se reunían en recintos militares, sino en una casa ubicada en Lo Curro: la de Jorge Gamboa, primo del general Arellano Stark. Éste, que entonces era simpatizante de la Democracia Cristiana, tras el golpe se haría de triste celebridad al encabezar la "Caravana de la Muerte".

¿Quiénes asistían a esas reuniones? Según la misma publicación, "los que más frecuentemente asistieron fueron los generales de Ejército Sergio Arellano Stark, Washington Carrasco, Javier Palacios, Herman Brady; los generales de Aviación Gustavo Leigh, Nicanor Díaz Estrada, Francisco Herrera Latoja; y los almirantes José Toribio Merino[1], Patricio Carvajal, Sergio Huidobro y Hugo Castro; más tarde se incorporaron los generales de Carabineros Arturo Yovane y César Mendoza[2]".

1   José Toribio Merino fue comandante en jefe de la Armada e integrante de la Junta de Gobierno desde el golpe de estado hasta el traspaso del poder en marzo de 1990. Dentro de los oficiales de las FF.AA., Merino fue de los primeros en comenzar a complotar para derrocar a Salvador Allende. Ocupaba la segunda antigüedad el 11 de septiembre de 1973 y desplazó a quien fuera entonces su superior, Raúl Montero, quien no se sumó al golpe. Merino fue quien propició el acercamiento entre el régimen militar y los *Chicago boys*. Conocido también por su chabacanería ante la prensa, justificó la represión calificando a los opositores al régimen como "humanoides".

2   César Mendoza, al momento del golpe de estado, fue nombrado Director General de Carabineros de Chile (policía). Se desempeñó como integrante de la Junta de Gobierno hasta el 2 de agosto de 1985, cuando debió renunciar a raíz de la participación de miembros de su institución en el secuestro y degollamiento de tres integrantes del PC.

Los golpistas optaron por tomar contacto con los profesores de la Academia de Guerra, quienes forman a los oficiales del Estado Mayor y mantienen relaciones permanentes con las diversas unidades de Santiago. El lunes 9 de julio apareció en el diario *La Segunda* un presunto "petitorio" de los alumnos de la academia, en el cual los oficiales pedían, por sobre todo, el cambio del Comandante en Jefe y la reestructuración del Alto Mando. Ese mismo día el director de la Academia de Guerra, general Herman Brady -uno de los conspiradores-, declaró que era "falsa" la versión de *La Segunda*.

El 9 de agosto de 1973, Allende designó un nuevo gabinete. Carlos Prats asumió la cartera de Defensa. Pinochet fue designado Comandante en Jefe subrogante del Ejército. Pero las reuniones del comité golpista se sucedían. Según el reportaje de la revista *Apsi*, el objeto principal era sondear para saber con quiénes se podía contar y con quiénes no. El Ejército era el gran misterio. El propio Arellano Stark no conocía la posición de muchos comandantes de unidades.

El paro de los transportistas tornó todavía más delicada la situación. El sábado 18 de agosto, el general Gustavo Leigh aceptó la petición de Allende de que asumiera la Comandancia en Jefe de la Aviación. Tres días después se produjo un incidente determinante frente al domicilio de Carlos Prats. Trescientas mujeres, esposas de oficiales -muchos de ellos generales-, gritaban y pedían que Prats les recibiera una carta. Finalmente las atendió el portero. En la misiva le indicaban, oblicuamente, que el Ejército debía intervenir y acabar con el gobierno de la Unidad Popular. Al rato se juntaron cerca de mil quinientas personas que profirieron toda clase de diatribas contra el mismo Prats. Uno de los manifestantes, el capitán Renán Ballas Fuentealba, pidió silencio para decir:

-El general Prats no representa al Ejército. ¡Es un traidor!

A las diez de la noche apareció el general Pinochet para expresarle a Prats sus sentimientos de pesar. Fue pifiado e insultado por la gente apostada en el frontis de la casa del cuestionado comandante.

A la mañana siguiente Prats habló con Pinochet: le dijo que estaba dispuesto a olvidar el episodio del día anterior si los generales del Ejército expresaban públicamente su solidaridad. Pinochet se manifestó "muy dolido" por lo ocurrido y aseguró que haría cuanto estuviera de su parte para "obtener una definición favorable de los generales". Horas después, habló por teléfono con Prats para informarle que había fracasado, pues "sólo algunos generales están dispuestos a firmar una declaración de solidaridad". Pinochet le insistió en que hablara personalmente con ellos.

A la una de la tarde, Prats se reunió con la plana mayor de generales, incluido Pinochet, y les reiteró que estaba dispuesto a olvidar el incidente promovido por las esposas si "virilmente entregan una declaración de solidaridad para difundirla al país".

Añadió que esperaría veinticuatro horas. Esa noche, Pinochet fue invitado, junto a otros diez generales del Ejército, a comer con Allende en la casa presidencial de calle Tomás Moro.

El jueves 23 de agosto, a las diez de la mañana, Pinochet concurrió a la oficina de su superior para decirle que ya había recogido la reacción de los generales: la mayoría no estaba de acuerdo con firmar esa declaración solidaria. Uno de ellos había afirmado: "Yo no firmo eso, porque qué va a decir la Nana [su esposa]". Pinochet le señaló además que habían presentado su renuncia indeclinable los generales Mario Sepúlveda y Guillermo Pickering, militares a los que Prats consideraba como "los más honestos, íntegros y profesionales". Prats conversó con ambos y les pidió que retiraran la renuncia, pero ellos se negaron y le solicitaron, en cambio, que adoptara drásticas medidas contra aquellos generales que "pretenden destruir el Ejército profesional".

Pasado el mediodía, Prats se reunió con Allende: le informó sobre lo sucedido al interior del cuerpo de generales y le pidió que aceptara su renuncia al Ministerio de Defensa y a la Comandancia en Jefe. Allende se resistió, pero Prats lo convenció con el argumento de que, si él continuaba en el cargo, tendría que pedirle que aplicara la facultad presidencial de ordenar el retiro de doce a quince generales, lo cual precipitaría la guerra civil. Prats terminó afirmando:

-En cambio, si me sucede el general Pinochet, que tantas pruebas de lealtad me ha dado, queda una posibilidad de que la situación crítica se distienda, porque Pinochet tendría plena independencia para llamar a retiro a los generales más conflictivos.

Esa misma tarde fue cursado el decreto por el cual Pinochet era designado Comandante en Jefe del Ejército.

Los generales golpistas afirmarían años después:

"Cuando Pinochet asumió la Comandancia en Jefe, llegó eufórico y con el siguiente slogan: 'La sangre de un general se paga con sangre de generales'. Lo primero que hizo fue pedir la renuncia a toda la plana mayor. Estaba muy allendista, progobiernista y dispuesto a defender al gobierno a costa de lo que fuera".

Moy de Tohá evoca esos días:

-Cuando apareció después de haber sido nombrado Comandante en Jefe, lo que vimos es que Pinochet se había puesto más allendista que nunca. Todos lo comprobamos. Yo sentía que al lado de Pinochet se podía decir cualquier cosa. Él inmediatamente solidarizaba. Pinochet no podía entender la actitud de diálogo de algunos sectores de la Unidad Popular. Él lo único que tenía que aportarle a Allende como Comandante en Jefe era la lealtad. También un gran conocimiento del Ejército chileno. Y nada más.

Pinochet, en efecto, quería tomar medidas drásticas. Informó que "no pasarán tres días antes de que yo eche del Ejército a Arellano Stark, Palacios, Viveros y otros generales golpistas". Era tal su voluntad de "hacer justicia" tras la obligada renuncia de Prats, que la revista PEC, de extrema derecha, le dedicó un artículo bajo el título *La sangre de un general:*

> En el Ejército, un Comandante en Jefe, que no hará huesos viejos en el cargo, se confesó un "general sin futuro", a la altura de Famae, en el curso de un tour de contacto que realizó, no bien asumió las funciones titulares, a las unidades de la Guarnición de Santiago.
>
> El general Augusto Pinochet inició el recorrido con la moral muy alta y una divisa en ristre: "La sangre de un general se paga con sangre de generales". Aludía no a Schneider [asesinado en 1970], sino a Prats. Su imagen sugería la suerte que su voluntad iba a depararles a los altos oficiales que consintieron que sus esposas dieran frente a la residencia de Prats el "golpe" que lo trajo a tierra.
>
> Hasta este instante, Pinochet no ha conseguido ni una sola pinta de sangre de alguno de sus generales. Apenas si la de un yerno de general: la del capitán René Ballas, casado con la hija del general (R) Alfredo Canales.
>
> El nuevo Comandante en Jefe, definido como "un hombre con mucha voz hacia abajo pero ninguna hacia arriba", fue perdiendo apostura y empaque a medida que avanzaba su recorrido.
>
> En la Academia de Guerra cayó justo cuando un iracundo coro protestaba contra la eliminación de un alumno de segundo año, René Ballas, al rítmico grito de: "'Junten mierda, junten mierda".

El general Pinochet asomó tímidamente la cabeza para sugerir: "Cuando terminen de juntar eso que dicen, me gustaría hablar con ustedes".

El miércoles 29 de agosto, a las nueve de la noche, Pinochet visitó a Prats. Le dijo que había vivido "momentos difíciles" y que le había pedido al Cuerpo de Generales que le dejara libertad de acción presentándole sus renuncias, y que todos lo habían hecho, a excepción de los generales Viveros, Palacios y Arellano, y como él expresara que pediría la facultad presidencial para destituirlos, todo el "equipo duro" había solidarizado con los renuentes. Pinochet añadió que había decidido dejar pendiente para octubre el llamado a retiro de los generales. Prats le manifestó su preocupación porque aún no había podido mudarse y le dijo que esperaba entregarle la casa de Comandante en Jefe el siguiente fin de semana. Pinochet fue amable, obsequioso. Le insistió a Prats en que se tomara todo el tiempo del mundo.

Los generales golpistas: "Ante esta actitud de Pinochet (la de 'hacer justicia'), intervino el general Leigh. Le sugirió que esperara antes de descabezar a las Fuerzas Armadas. Le dijo que visitara las unidades para que viera el ánimo que reinaba allí. Pinochet lo hizo y comprobó que el ambiente estaba tenso y que los mandos medios estaban contra el gobierno de Allende. A raíz de esto decidió anular las renuncias pedidas".

El 4 de septiembre de 1973 se celebró el tercer aniversario de la elección de Salvador Allende. Moy de Tohá:

> Pinochet le tenía miedo al juego político. El 4 de septiembre llegué pasadas las tres de la tarde a La Moneda. Entré por la puerta de Morandé 80. Subí la escalera de piedras, llegué a la Galería de los Presidentes, y ahí veo avanzar a Augusto. Venía con una capa. Yo estaba agotada, así es que me senté. Le dije a Pinochet: "Y tú por qué te vas a ir, cuando esto no ha comenzado todavía; sólo ha habido marchas, gritos, saludos frente a La Moneda, aún no empiezan los discursos". Pinochet me respondió "Yo vine a felicitar al Presidente Allende, a presentarle mis respetos, pero ahora empieza el acto político y me tengo que retirar". Me abrazó con su capa y yo lo acompañé hasta la puerta. Nunca más hablé con él hasta el 17 de septiembre, seis días después del golpe.

El Comité de los Quince, mientras, seguía conspirando. "La Marina estaba a punto de lanzarse sola. Entre el lunes 3 y el sábado 8 de septiembre las reuniones fueron diarias. Había que tomar una decisión y así se hizo: el golpe se daría el martes 11. Pero surgió un gran problema: ¿qué se hacía con Pinochet? ¿Se lo incorporaba? ¿Se lo dejaba fuera? Según los generales golpistas, hasta el sábado 8 no había claridad en este sentido.

El viernes 7 de septiembre, Carlos Prats recibió una carta oficial de Pinochet. En ella el nuevo Comandante en Jefe le decía:

Mi querido general y amigo:

Al sucederle en el mando de la Institución que Ud. comandara con tanta dignidad, es mi propósito manifestarle, junto con mi invariable respeto hacia su persona, mis sentimientos de sincera amistad, nacida no sólo a lo largo de nuestra profesión, sino que muy especialmente cimentada en las delicadas circunstancias que nos ha tocado enfrentar. Al escribirle estas líneas, lo hago con el firme convencimiento de que me dirijo no sólo al amigo, sino ante todo al Sr. General que en todos los cargos que le correspondió desempeñar lo hizo guiado sólo por un superior sentido de responsabilidad tanto para el Ejército como para el país. Es por lo tanto para mí profundamente grato hacerle llegar, junto con mis saludos y mis mejores deseos para el futuro, en compañía de su distinguida esposa y familia, la seguridad de que quien lo ha sucedido en el mando del Ejército queda incondicionalmente a sus gratas órdenes, tanto en lo profesional como en lo privado y personal.

Afectuosamente,

Augusto Pinochet Ugarte
General de Ejército
Comandante en Jefe.

Los golpistas todavía no sabían qué hacer: "El sábado 8 se casó el hijo de un amigo del general Arellano Stark. Muchos militares acudieron a la ceremonia que se realizó en la Iglesia Nuestra Señora de Los Angeles. La iglesia estaba repleta. Los generales permanecieron en la vereda. Mientras adentro se casaban los jóvenes, afuera los militares continuaban discutiendo si involucrar o no a Pinochet en el golpe. El general Arellano recibió toda clase de presiones para que lo dejara fuera. Sin embargo, finalmente decidió avisarle. Si no se lo incorporaba, se corría el riesgo de producir una división en el Ejército. Incluso se pensó que podía desbaratar el golpe".

El mismo sábado 8 de septiembre, a las tres de la tarde, se habían reunido Prats y Allende en la casa del Cañaveral. Prats relata ese diálogo en sus memorias:

> -Perdone, Presidente, usted está nadando en un mar de ilusiones: ¿cómo puede hablar de un plebiscito, que demorará treinta o sesenta días en implementarse, si tiene que afrontar un pronunciamiento militar antes de diez días?
>
> -¿Entonces -replica Allende- usted no cree que habrá algunos regimientos leales al gobierno, capaces de contener a los golpistas? ¿Entonces no cree en la lealtad de Pinochet y Leigh, a quienes yo nombré Comandantes? -me dice en tono alterado.
>
> -Presidente -le respondo con calma-, yo creo en la lealtad de Pinochet y también en la de Leigh, pero ellos serán sobrepasados por los generales golpistas, como lo será Montero por Merino (en la Marina), en forma tan sorpresiva que no se producirá hacia abajo el quiebre en la verticalidad del mando, porque hasta los oficiales más constitucionalistas entienden que la división de las Fuerzas Armadas es la guerra civil.

Horas más tarde, el general Arellano Stark fue a la casa de Pinochet. Los golpistas: "En pocas palabras, le dijo que había un golpe andando, que incluso se había fijado la fecha. Lo instó a que dijera si estaba dispuesto a entrar en la maniobra. Le pidió que si no estaba de acuerdo se marginara y dejara actuar al resto. Por último, le dijo que no estaba allí para preguntarle si el Ejército entraría, puesto que el Ejército ya estaba participando. Y enseguida le advirtió que si él decidía apoyar el golpe, continuaría en el mando, ya que la idea era dar un golpe institucional y no un cuartelazo desde abajo. Pinochet estaba molesto y balbuceante, pero, después de permanecer un rato en silencio, dijo: "Sí, sí, claro, si esto ya está resuelto y si va el Ejército, yo también voy". Ante esta respuesta, Arellano Stark le indicó que debía comunicarse inmediatamente con el general Leigh, y le dio un número de teléfono donde Leigh estaba esperando su llamada. Pinochet dijo que llamaría más tarde, una vez que reflexionara, pero no llamó. Al día siguiente, el 9 de septiembre, Leigh fue a la casa de Pinochet. Cuando llevaba un cuarto de hora hablando sobre cómo se realizaría el golpe, llegaron los almirantes Huidobro y Carvajal, y un capitán de navío de apellido González. Llevaban una carta firmada por el almirante Merino, que debía ser firmada por Leigh y Pinochet. Leigh la firmó en el acto. Pinochet tardó varios minutos buscando un timbre en los cajones de su escritorio. Nunca supimos para qué era necesario ese timbre. Una vez que lo encontró, estampó el timbre en el papel y firmó el documento. Eran las siete de la tarde del domingo 9 de septiembre: en ese momento Pinochet entró en el golpe de estado".

Nicanor Díaz Estrada remataría en el libro de Sergio Marras:

> Cuando uno lee el libro *El día decisivo*, no entiende nada, porque este señor (Pinochet) no sabe de qué se trató el golpe: él no participó sino hasta el final, hasta el día 9 de septiembre en la tarde. Así es

que él no sabe cómo se preparó ni quiénes partici-
paron en el plan.

Según un ex colaborador que acompañó a
Pinochet durante varios años en el gobierno militar,
el golpe del 11 de septiembre encontró al general
ante un panorama a tres bandas:

En primer lugar, su absoluta prescindencia de
todo preparativo o siquiera idea anterior de golpe.
Todos esos preparativos a los que él ha aludido con
posterioridad son los normales en un Ejército que
debe enfrentar un problema de seguridad interior.
No hay un solo general que no sepa esto. Ocurre
que, después de las elecciones parlamentarias de
1973, Prats le ordenó a Pinochet que reactualizara
los diseños de planificación de seguridad interior,
que estaban obsoletos, debido al delicado momento
político. Pinochet lo hizo con la ayuda de alumnos
de la Academia de Guerra. Tiempo después, en
julio, incluso realizó un "simulacro de guerra",
demostrativo, producto de esa puesta al día. En esa
ocasión Pinochet invitó a Allende y a otras autoridades. Ésa fue la famosa planificación que Pinochet
dice que usó en el golpe. Una segunda banda, y
muy importante, es el hecho de que su propia rama,
el Ejército, junto a la Marina y la Aviación, realiza
una fuerte presión golpista, obligándolo a encabezar la maniobra. Y la tercera banda es curiosa: su
mujer, Lucía Hiriart, que lo presiona para que dé el
golpe. Los dos últimos frentes se unen y empujan
definitivamente a Pinochet a embarcarse en una
intervención militar que él no había soñado ni quería dar. Hay una carta privada en la cual uno de los
generales golpistas dice explícitamente que si
Pinochet no se embarca en el golpe, habrían tenido
que matarlo. Así de clara era la cosa, y Pinochet lo
sabía muy bien.

El 10 de septiembre, Pinochet se despertó con "una gran preocupación y angustia". Su mayor duda era cómo justificar el acuartelamiento de las tropas de la Guarnición de Santiago para la mañana del 11 de septiembre. La prensa informaba sobre lo dicho la noche anterior por Carlos Altamirano en el puerto de Valparaíso. El secretario general del Partido Socialista había proferido lo que la alta oficialidad del Ejército consideraba "amenazas" dirigidas a ellos. Además los Tribunales de Justicia debían pronunciarse sobre una petición de desafuero en su contra ese mismo martes 11. Pinochet concurrió al Ministerio de Defensa. Le dijo al canciller Orlando Letelier que se veía obligado a disponer un acuartelamiento de tropas para el martes, "en previsión de posibles disturbios, como consecuencia del probable desafuero del senador Altamirano". Pasado el mediodía de ese lunes 10 de septiembre, se reunió con los generales Bonilla, Brady, Benavides, Arellano Stark y Palacios, para ultimar detalles sobre la operación golpista.

A las seis de la mañana del martes 11 de septiembre, Pinochet ya estaba vestido de combate. Era otro. Lucía gafas oscuras. No reía. Tenía una expresión severa. Sin duda mucho miedo. Una hora después lo pasaron a buscar para llevarlo a la Central de Telecomunicaciones de Peñalolén, en el sector oriente de Santiago, donde instaló su puesto de mando. El almirante Patricio Carvajal, jefe del Estado Mayor Conjunto de las Fuerzas Armadas, se ubicó en el Ministerio de Defensa, a pasos de La Moneda, y Gustavo Leigh, Comandante en Jefe de la Aviación, localizó su puesto de mando en la Academia de Guerra de la Fuerza Aérea, en la comuna de Las Condes. Desde esos tres puntos se impartieron las órdenes más significativas del golpe militar que derrocó a Allende.

Cerca de las ocho de la mañana las radios de Santiago transmitieron la proclama de la nueva Junta de Gobierno. En esos comunicados se afirmaba, entre otras cosas, que el Presidente Allende debía entregar su cargo a la Junta y que se decretaba estado de sitio en todo el país. Allende permanecía en La Moneda. Pinochet, Carvajal y Leigh establecieron contacto radiofónico entre sí durante varias horas. En diciembre de 1985 la revista *Análisis* publicó un reportaje con la transcripción de esas conversaciones, que en 1998 serían reeditadas por la periodista Patricia Verdugo en el libro *Interferencia secreta*.

Queda de manifiesto, en estos diálogos, que Pinochet, cuando toma una decisión, procede sin contemplaciones. Leigh y Carvajal dan incluso la impresión de tener que contener el furor, la virulencia con que se expresa el Comandante en Jefe del Ejército, quien alude con sorprendente crueldad a las mismas personas con las cuales, sólo unas semanas antes, mantenía una relación cordial cuando no directamente cariñosa o de amistad. Súbitamente, Pinochet Ugarte había cambiado de bando, y habían cambiado los nombres de sus enemigos. Se comprende: Pinochet se justificó siempre a sí mismo (y ante los otros) en función de sus enemigos. Así como en el plano militar se refocilaba con arengas contra peruanos, bolivianos y argentinos, en el plano político durante un tiempo fueron los fascistas y los conservadores; luego, durante los diecisiete años de su mandato, los comunistas, los políticos, los curas, los sindicalistas; ahora, tras los episodios de Londres, los socialistas del mundo entero.

Los diálogos registrados clandestinamente ese 11 de septiembre fueron feroces:

Pinochet: Yo tengo la impresión de que el señor civil (Allende) se arrancó en las tanquetas. Y Mendoza, ¿no tiene contacto con él?

Carvajal: No, pero en las tanquetas no huyó. Las tanquetas se habían ido antes y yo posteriormente en persona hablé por teléfono con él.

Pinochet: Conforme, conforme. Entonces hay que impedir la salida; si sale, hay que tomarlo preso.

Carvajal: Y también hablé posteriormente con el edecán naval, quien me confirmó que Allende está en La Moneda.

Pinochet: Entonces hay que estar listos para actuar sobre él. ¡Más vale matar la perra y se acaba la leva!

Un rato después:

Pinochet: Patricio, aquí te habla Augusto. Dime, el señor Altamirano y el señor este otro,

Enríquez[3], el otro señor Palestro[4] y todos estos gallos, ¿dónde están metidos? ¿Los han encontrado o están fondeados?

Carvajal: No tengo informaciones de dónde se encuentran.

Pinochet: Es conveniente darle la información al servicio de inteligencia de las tres instituciones para que los ubiquen y los tomen presos. Estos gallos deben estar fondeados, son verdaderas culebras.

Carvajal: Conforme, conforme... El comandante Badiola está en contacto con La Moneda. Le va a transmitir este último ofrecimiento de rendición. Me acaban de informar que habría intención de parlamentar.

Pinochet: Tiene que ir al Ministerio él [Allende] con una pequeña cantidad de gente.

Carvajal: Ellos están ofreciendo parlamentar.

3   Se refiere a Miguel Enríquez, máximo líder del MIR en la época de la Unidad Popular. Aunque el MIR compartía el objetivo de que Chile llegara a ser un país socialista, discrepaba de la "vía pacífica" impulsada por Salvador Allende. Pese a sus posiciones radicales, sus líderes mantenían buenas relaciones con el Presidente, quien además era tío de uno de sus principales dirigentes, Andrés Pascal Allende.

4   Diputado socialista, Mario Palestro gozaba de un gran apoyo, particularmente en San Miguel, populosa comuna del Gran Santiago que era uno de los bastiones de la izquierda. Después del golpe fue detenido por los militares y enviado a la isla Dawson.

Pinochet: ¡Rendición incondicional! ¡Nada de parlamentar, rendición incondicional!

Carvajal: Muy bien, conforme. Rendición incondicional en que lo toman preso, ofrecién-
dole nada más que respetar la vida, digamos.

Pinochet: La vida y su integridad física y enseguida se lo va a despachar para otra parte.

Carvajal: Conforme. O sea que se mantiene el ofrecimiento de sacarlo del país.

Pinochet: Se mantiene el ofrecimiento de sacarlo
del país... Y el avión se cae, viejo, cuando
vaya volando.

(Risas)

Minutos más tarde:

Pinochet: Patricio, muy conforme con toque de
queda, muy conforme con Estado de
Sitio, pero hay que agregar algo. Se va a
aplicar Ley Marcial a toda persona que
sea sorprendida con armas o explosivos.
Van a ser fusilados de inmediato, sin
esperar juicios.

Carvajal: Conforme. Ley Marcial. Estado de Sitio.
Toque de queda. Y a todo el que se le sor-
prenda con armas o explosivos será eje-
cutado de inmediato.

Pinochet: ¡Están ganando tiempo! ¡No acepten ningún parlamento! ¡Parlamento es diálogo!
Al rato Pinochet insiste:

Pinochet: ¡No podemos aparecer con debilidad de carácter aceptando un plazo de parlamento a esta gente, porque no podemos nosotros aceptar plazos ni parlamentos que significan diálogo, significan debilidad! ¡Todo ese montón de jetones que hay ahí, al señor Tohá, al otro señor Almeyda[5], a todos esos mugrientos que estaban por arruinar al país deben pescarlos presos y al avión que tienes dispuesto tú, arriba! ¡Y sin ropa, con lo que tienen, para afuera!

Carvajal: Me han dicho que espere un momento para convencer al Presidente.

Pinochet: ¡Negativo!

Transcurre un par de horas:

Carvajal: Gustavo y Augusto, de Patricio. Hay una información del personal de la Escuela de Infantería que está dentro de La Moneda. Por la posibilidad de interferencias, la voy a transmitir en inglés: THEY SAY THAT ALLENDE COMMITTED SUICIDE AND IS DEAD NOW. Díganme si entienden.

Pinochet: Entendido.

Leigh: Entendido perfectamente.

---

5   Dirigente socialista, Clodomiro Almeyda fue canciller del gobierno de Salvador Allende. Después del golpe de estado fue uno de los principales líderes de la izquierda chilena en el exilio.

Carvajal: Augusto, respecto del avión para la familia, no tendría urgencia entonces esa medida. Entiendo que no tendría urgencia sacar a la familia inmediatamente.

Pinochet: ¡Que lo metan en un cajón y lo embarquen en un avión, viejo, junto con la familia! ¡Que el entierro lo hagan en otra parte, en Cuba! ¡Si no, va a haber más pelota pa'l entierro! ¡Si éste hasta para morir tuvo problemas!

Con el paso del tiempo se estimó necesario justificar retrospectivamente la presencia del improvisado general golpista en la acción del martes 11 de septiembre. Pinochet fraguó más tarde una versión que nada tiene que ver con lo sucedido. Afirmó que su antimarxismo era de antigua data, enero de 1948, cuando tuvo a su cargo a un grupo de comunistas relegados en la localidad de Pisagua durante el gobierno de Gabriel González Videla[6]. Sostuvo que por espacio de veinte años se fue interiorizando en el estudio de esa ideología que "no vacilo en calificar de siniestra". Además, dijo muy suelto de cuerpo que desde que asumió la Jefatura de Estado Mayor del Ejército -comienzos de 1972- comenzó a trabajar en la planificación del movimiento subversivo.

6 El Partido Comunista fue puesto en la ilegalidad en 1948 a través de la Ley de Defensa de la democracia, conocida como "ley maldita". Sus militantes fueron borrados de los registros electorales y sus principales dirigentes detenidos y relegados en distintos puntos aislados del país. El PC volvió a la legalidad en 1958.

¿Y su antimarxismo?

Dice Moy de Tohá:

-Su discurso antimarxista apareció el mismo 11 de septiembre. Lo que pasa es que él tenía que agarrarse de algo para tener credibilidad al interior de las Fuerzas Armadas. No se olviden de que los generales golpistas tuvieron que hacer un trabajo de relojería para convencerlo de participar en el golpe, porque él no quería. Pinochet era de la escuela de Schneider[7], de Prats, pero era débil, vulnerable. Con pocos días de acorralamiento, de ablandamiento, cedió.

---

7   René Schneider fue Comandante en Jefe del Ejército, antecesor de Carlos Prats. Era reconocido por su actitud constitucionalista de subordinación de los militares a las autoridades civiles. Fue asesinado el 22 de Octubre de 1970 -un mes y medio después de la elección de Salvador Allende- por un comando de ultraderecha que pretendía impedir que éste asumiera la presidencia el 4 de noviembre del mismo año.

Capítulo 6
La soledad del poder

Una semana después del golpe militar, el 18 de septiembre de 1973, Pinochet accedió a hablar con la prensa. Dijo:

-Hubo un trato de caballeros. Yo no pretendo estar siempre dirigiendo a la Junta. Lo que haremos es rotar. Ahora soy yo, mañana será el almirante Merino, después el general Leigh y luego el general Mendoza.

Manifiestamente, no cumplió. ¿Por qué? ¿Qué sucedió? ¿Qué fue ocurriendo con el hombre que una semana antes era considerado "el más constitucionalista" del cuerpo de generales? ¿Qué pasó en la cabeza del individuo que encabezó el golpe "obligado por las circunstancias" para que llegara a acumular tanto poder y por tanto tiempo como nadie antes en la historia de Chile y como muy pocos en la turbulenta historia latinoamericana? ¿Qué hizo, qué fibras activó en él ese poder para que acabara comparándose ante quien quisiera oírlo con los emperadores romanos, con su idolatrado Napoleón Bonaparte, con el omnímodo rey Luis XIV de Francia, y proclamara estar cumpliendo "un mandato de Dios" y se transformara finalmente en el prototipo universal del dictador despiadado, símbolo atroz de los desaparecidos, como Radovan Karadzic lo es de la limpieza étnica?

Sus palabras, en la mañana del golpe, fueron las de un sicópata o un enfurecido. Después, simplemente las de un individuo omnipotente que acumulaba día a día más poder hasta que nada ni nadie estuvo en condiciones de detenerlo. Autoproclamado Jefe Supremo de la Nación en junio de 1974 y Presidente de la República en diciembre del mismo año[1], Pinochet afirmaba ya en junio de 1975: "Yo me voy a morir. El que me suceda también tendrá que morir. Pero elecciones no habrá". Sus declaraciones a la prensa fueron quedando como rastros funerarios a lo largo del camino. Como cuando en 1991 se encontraron cien cadáveres mutilados de a dos por cajón y él dijo que había que felicitar a los enterradores por ahorrar en ataúdes y clavos. O como cuando en octubre de 1981 se jactó de haber "limpiado de marxistas la nación" y aseguró, como consecuencia, que "en treinta años más tendremos una población de gente más inteligente". O cuando en

---

1   Pinochet fue nombrado "Jefe Supremo de la Nación" por el Decreto Ley Nº 527 del 27 de junio de 1974, y "Presidente de la República" por el Decreto Ley Nº 806 del 17 de diciembre de 1974.

1995 afirmó que "Roma cortaba las cabezas de los cristianos y éstos reaparecían una y otra vez: es algo parecido a lo que pasa con los marxistas". Ebrio de ira o de euforia, se dejaba llevar por todo tipo de arrebatos, como cuando en 1981 juró que todos los políticos eran "ratas a las que hay que exterminar" y advirtió al mundo que "¡en este país no se mueve ni una hoja si no la estoy moviendo yo, que quede claro!".

A esas alturas -y esto lo distingue de otros dictadores del Cono Sur-, hacía rato que el régimen había dejado de ser el de las Fuerzas Armadas; era, con toda propiedad, su tiranía personal, en la que pululaban los mismos aduladores palaciegos que siempre asoman en esas circunstancias, sicofantes vestidos de ministros o subsecretarios, plumíferos ditirámbicos, asesores genuflexos, periodistas cortesanos.

¿Y entonces? ¿Qué había ido ocurriendo con aquel soldado leal y silencioso? Federico Willoughby intenta una explicación:

> Tras el golpe, Pinochet se encuentra de un día para otro dirigiendo no ya un regimiento, sino a todo un país. Es en ese mismo 11 de septiembre de 1973 cuando comienza a operarse una impresionante transformación de su personalidad. Al comienzo de su mandato, Pinochet se desenvuelve con firmeza en la conducción militar y con cautela en el manejo administrativo. Busca asesoría, pregunta, se informa, y por ahí el almirante Merino le mete a los Chicago Boys. Durante ese primer período, Pinochet casi no hace declaraciones, dejándoles ese tipo de tareas a hombres más "intelectuales" como

el general Leigh. En esos momentos Pinochet, sobre todo, está aprendiendo. Progresivamente, sin embargo, va sintiendo el gusto del poder. Va sintiendo el placer que significa tener un cúmulo de sirvientes dispuestos a morir por él, y avión a la mano, y gente que lo adula sin reservas, y periodistas de todo el mundo anhelantes por escuchar lo que él, Augusto Pinochet, dice o piensa. Hay que pensar que el poder que entonces él disfruta es un poder ilimitado, sin críticas, sin Parlamento, sin voces disidentes, sin nadie que se atreva ni siquiera a título personal a hacerle cuestionamientos de fondo. Cuando más adelante [marzo de 1983] él declara que "si Roma tenía un problema buscaba un gobierno único para salir adelante sin discusiones utópicas o bizantinas", está reflejando cómo siente el poder: sin debates, sin restricciones. Lo mismo cuando protesta [diciembre de 1982]: "¡Y ahora estos señores políticos hablan de consenso político, hablan de un sistema donde todos hablemos, discutamos y comentemos! ¡Por favor, señores!". Yo estaba en su oficina cuando llegó a sus manos un oficio que él debía firmar para ser enviado a un juez de la Corte Suprema. En su parte final el oficio usaba esa vieja formalidad que dice: "Se ruega a Usía oficiar...". Pinochet, furioso, rompió el papel y exclamó: "¡El Presidente no ruega ni pide! ¡E1 Presidente ordena!". Es entonces cuando comienza a expresar en el quehacer civil sus hábitos y formas militares. Advierte que en todo el Estado chileno no hay ningún poder que lo contrapese, nadie en su equipo que le haga sombra.

Unos días después del golpe militar, el escritor nazi Miguel Serrano[2] fue convocado a una reunión con la Junta Militar en pleno. Querían pedirle opiniones y, eventualmente, una colaboración. En su libro *Adolf Hitler, el último Avatāra*, cuenta Serrano:

> Me recibieron en un cuarto largo y angosto, con una extensa mesa al centro, que dejaba poco espacio entre las sillas y los muros. Estaban allí los cuatro miembros de la Junta, más un coronel de apellido Rojas, si mal no recuerdo, que haría las veces de escribiente, anotando todo lo que se dijo, mejor dicho lo que yo dije, todos los demás permanecieron en silencio. El ambiente de esta reunión lo dio el siguiente curioso hecho, muy revelador de las relaciones existentes entre civiles y militares en aquellos primeros días y durante los años que han seguido: sobre la mesa, entre el almirante Merino y yo, se había puesto una pistola, creo que de fabricación española, del tipo parabelum. De inmediato me di cuenta de lo que se trataba. Mi intuición me indicó que nada tenía que hacer allí, cualquiera fuera el resultado de la reunión. Ellos eran militares, yo era un guerrero. De entrada me estaban demostrando desconfianza, además de un desconocimiento total del espíritu del civil. Con esa arma sobre la mesa ellos creían absurdamente infundirme miedo. Era, además, una falta de respeto y del código de honor. Se sabía que yo venía desarmado, no pudiendo ser de otro modo, y ellos me colocaban una pistola sobre la mesa que, en este caso, equivalía a decir: una pistola al pecho.

---

2   Miguel Serrano es un escritor chileno conocido por su ideología nazi. Fue embajador en la India (1953-1962), Yugoeslavia (1962-1964) y Austria (1964-1970), bajo tres gobiernos de distinta orientación ideológica.

Ante Pinochet y los otros miembros de la Junta, Serrano hizo una larga exposición en la que comenzó recordando que el ejército chileno tiene tradición prusiana.

> "En este sentido, yo me siento prusiano, señores generales", les dije. De partida, establecía una igualdad, cosa que ningún civil que haya colaborado con el gobierno militar ha logrado. A todos los civiles, ministros u otros, los han puesto a "hacer guardia", por así decirlo, los han entrado al "servicio militar obligatorio", en un sentido simbólico, y jamás los han ascendido más allá de sargento o cabo. Qué lastima da ver a esos ministros de Relaciones Exteriores o del Interior que se han olvidado de sonreír para siempre, porque sonreír no es militar, y permanecen cuadrados como conscriptos, como "pelaos" decimos en Chile, mientras hablan con el supremo jefe o con cualquier otro uniformado. Se les ha creado un "tic" de por vida, me temo.

Tras la reunión, en la que habló sobre "socialismo prusiano" hasta desembocar en el golpe chileno, sosteniendo que era necesario iniciar de inmediato "una contraofensiva internacional de información diplomática", Serrano se dirigió al canciller, almirante Ismael Huerta, proponiéndole usar a sus amistades del largo tiempo que había pasado en la diplomacia, como la primera ministra de India, Indira Gandhi, el mariscal Tito de Yugoslavia y el secretario general de la ONU Kurt Waldheim, entre otros. Pero la reunión con Pinochet y los miembros de la Junta lo había dejado rumiando algunas reflexiones, como su certidumbre de que "si con alguien a Pinochet hubiera que buscarle un símil, políticamente hablando, paradójicamente sólo cabría encontrarlo con Stalin".

Escribe Serrano:

> Mientras yo abandonaba el Ministerio de Defensa, en dirección al Ministerio de Relaciones Exteriores, marchando por esas calles patrulladas por tanques, con el ruido de esporádicos disparos, reflexionaba sobre la escena recién vivida. A la cabeza de la conferencia se encontraba ese hombre [Pinochet] que el "destino genético" había destinado a Chile para los próximos años en una dictadura jamás vivida por este país hasta ahora, en todos los tiempos. Estaba claro que él no era todavía el jefe indiscutido, ni lo había sido en el pronunciamiento militar. Sucedió igual que con Franco en España, quien tampoco fue líder carismático, hasta que los acontecimientos lo fueron dejando solo en el poder. Pero el caso de Pinochet fue algo distinto, porque él mismo eliminó a su rival en la Junta, el general de Aviación Gustavo Leigh.

El episodio Leigh fue un hito crucial en la historia de Pinochet y de su gobierno. El libro *La historia oculta del régimen militar*, de Ascanio Cavallo, Manuel Salazar y Oscar Sepúlveda, relata algunos episodios decidores:

> Con unas pocas horas de anticipación, el coronel Pedro Ewing se contactó con el presidente de la Corte Suprema, Enrique Urrutia Manzano, y lo convenció de que asistiera a la ceremonia donde Pinochet asumiría el Mando Supremo. A Urrutia le sería concedido el honor de investir al general con la banda tricolor. Todo estaría listo.

> Pero los miembros de la Junta, y en particular Leigh, no sabían de la ceremonia. El día señalado, a la hora señalada, centenares de invitados y prensa,

mucha prensa, se agolparon en el Salón Azul del Diego Portales.

Todo estaba listo: las cámaras, los sillones, los equipos de seguridad, los edecanes.

En el último piso de la torre comenzó a esa hora la discusión con Leigh. El jefe de la FACh había desaprobado el fondo del decreto ley y estaba, ahora, enojado por la ceremonia. El debate fue subiendo de tono a toda velocidad.

Leigh se sentía atropellado y quería dejar fuerte constancia ante sus pares.

-¡Te creís Dios! -gritó-. ¡Hasta cuándo!

Pinochet respondió con la misma ira.

-¡Aquí ya está bueno de joder! ¡Si hay tanto barullo se suspende todo y vemos cómo se arregla esto! ¡No voy a permitir que se juegue con el país!

Enfurecido, el general golpeó con el puño la cubierta de vidrio de la mesa.

Hubo un ruido seco y luego un crujido de astillas. El cristal se rajó: aquella fractura sería todo un símbolo.

-Has convocado a la prensa, a las autoridades, a medio mundo. ¡Qué vas a suspender! -gritó Leigh, rendido ya.

Los cuatro entraron al salón con los gestos agrios.

La ceremonia, breve, resultó emotiva para Pinochet.

Con los ojos brillosos agradeció a Urrutia Manzano la colocación de la banda y la investidura de un cargo al que acababa de llegar, dijo, "sin haberlo jamás pensado ni mucho menos buscado".

Dos meses más tarde, en diciembre de 1974, se produjo un nuevo enfrentamiento entre Leigh y Pinochet, a propósito de la autonominación de éste como Presidente de la República. Comentaría Willoughby: "Claro, después de ser Jefe Supremo de la Nación pasa a ser Presidente de la República, porque eso de Jefe Supremo era una cosa medio tropical y se pensó mejor".

Escriben los autores de *La historia oculta del régimen militar*:

> Para aquel segundo intento -con dos meses de diferencia del anterior-, el general Leigh había sido convenientemente aislado.
>
> El 17 de diciembre, Pinochet lo citó con urgencia a una reunión con la Junta.
>
> Cuando el general de la FACh entró a la sala, los otros tres miembros estaban ya sentados, mirándolo. Habían firmado el borrador del decreto-ley. - Sólo faltas tú -le dijeron.
>
> Leigh quiso negarse.
>
> Repitió su argumento de que el título de Presidente sólo correspondía a los jefes de estado elegidos conforme a la Constitución del 25. Se le respondió que, precisamente, se buscaba dar al mando de la nación las legítimas prerrogativas de aquella Carta Fundamental, sin las cuales el gobierno aparecía como un ente incompleto, carente de plena capacidad de decisión.
>
> Como la discusión no llegara a resultados rápidos, la argumentación viró: se acusó a Leigh de asumir sobre sí la responsabilidad del quiebre de las Fuerzas Armadas. Si los demás estaban de acuerdo, sólo uno sería culpable de dividir al país en tan dramáticas circunstancias.

Leigh replicó que sería peor darle una legitimidad que no tenía.

Pinochet se exaltó.

-¡Eres un ambicioso! -replicó-. ¡Tienes ambición de poder, eso es lo que pasa! ¡Eres un obcecado, un egocéntrico, un... un... un político!

Leigh vio que no tenía salida. Se acercó al escritorio con un gesto desdeñoso.

-Sabís qué más... ¡ahí tenís tu decreto!

En nombre de la "inquebrantable unidad" de las Fuerzas Armadas, que le sería invocado después en tantas oportunidades, Leigh puso, a disgusto y con el sabor de la derrota, su postrera y definitiva firma.

Después se organizó una nueva y segunda ceremonia para que Pinochet asumiera el nuevo rango. El acto fue tenso y no disipó los rencores: al contrario, pareció aumentarlos. Al término, Pinochet subió a su despacho enfurecido.

Unos minutos después abrió la puerta, intempestivamente, el almirante Merino. Llevaba la banda presidencial en la mano.

Los testigos escucharon desde fuera una frase cortada.

-¡Se te quedó esta...!

Todas las versiones difieren en la palabra que completó su airado reclamo. En cambio, todas coinciden en señalar que el almirante salió con la misma velocidad con que había llegado, dando un portazo tras de sí.

Después su violenta destitución -en julio de 1978, que cerró un prolongado historial de conflictos al interior de la Junta, el general Gustavo Leigh entregó sus opiniones a la prensa:

-Muy poco tiempo después de haberse iniciado nuestro gobierno, el general Pinochet nos prohibió a los otros miembros de la Junta Militar hacer uso del Palco Presidencial del Teatro Municipal. Unos días después prohibió la simple concurrencia al Palacio Cerro Castillo[3], que él no usa, y al Teatro Municipal, al que no va jamás porque no es aficionado a ninguna de las artes.

-General, al principio hubo una Junta Militar con cuatro hombres en igualdad de condiciones. ¿Qué pasó después? -le preguntó un periodista.

-Ésa es una larga historia, planificada por el Ejército -respondió-. Ellos son los más poderosos, cubren todo Chile. Esa es la clave. Y basándose en eso Pinochet fue acumulando más y más poder. Así fue ablandando a los otros Comandantes en Jefe. Tuvimos violentos incidentes. El nombramiento de Presidente de la República se lo peleé hasta el final.

-¿No se arrepiente de no haber sido más firme?

-Yo no me fui voluntariamente. Fui destituido por la fuerza. El 21 de mayo de 1978, en El Bosque, frente a Pinochet, pedí una transición programada con itinerario cronológico para volver al estado de derecho en cinco años. Si Pinochet me hubiera escuchado...

-¿Por qué no lo escuchó?

---

3   Residencia ubicada en Viña del Mar destinada al Presidente de la República mientras ejerce su mandato.

-Pinochet, realmente, no quiere saber ni de democracia ni de transición alguna.

-¿Qué características de personalidad tiene el general Pinochet?

-Es de una ambición ilimitada. No figura en sus planes decir: llegó el momento en que me vuelvo a mi hogar. En una ocasión yo le dije: "Mira, Augusto, renunciemos los cuatro de la Junta, dejemos el poder al presidente de la Corte Suprema y nos vamos. Se va a producir una situación tan grave que te llamarán para que te presentes de candidato y te elegirán por un periodo constitucional. Luego podrás seguir viviendo tranquilamente en Chile". Él se indignó, se puso colorado, no hablaba. Todo para él gira en torno a quién quiere quitarle el poder. ¡Qué lamentable estar en manos de tal gobernante!

Willoughby estima que hay una percepción errada respecto del general Gustavo Leigh, quien tras el golpe militar apareció como el miembro más temible de la Junta, algo así como un cerebro gris, hasta que perdió en forma brutal y humillante su lucha de poder con Pinochet cuando fue destituido. Dice:

> No hay que equivocarse con el general Leigh. Cuando comienza a manifestar sus discrepancias, se producen fuertes discusiones, es cierto, pero Pinochet sabe que se trata de un problema no muy relevante ni de muy difícil solución, porque las posturas de Leigh no parecen demasiado sólidas fundamentalmente en lo que a respaldo se refiere, y además porque el carácter de Leigh no es fuerte. Un

ejemplo es la nominación como primer presidente de la Junta Militar, poco después del golpe. Por antigüedad, es decir por el hecho de haber sido nombrado Comandante en Jefe antes que ningún otro miembro de la Junta, Leigh reclama su derecho a ser el primero. Pero Pinochet no puede permitirlo, más que por razones personales, en esos momentos, por presiones de parte del Ejército. Entonces se las ingenia para pedir un informe a la Contraloría para que dirima el problema. Y eso le basta. Y de ahí para adelante Leigh significa una pugna que hay que resolver, pero nunca un freno para las nuevas ambiciones y apetitos que se están despertando en Pinochet.

El ex portavoz de la Junta Militar añade:

Al mismo tiempo que Pinochet siente que su poder no tiene contrapeso alguno, Jaime Guzmán y otros comienzan a hablarle de la teoría del origen divino del poder, y entonces él comienza a convencerse de que la suya es una función mesiánica, una cruzada de Dios contra el comunismo. Es un proceso que tiene una progresión geométrica: se compenetra de esas ideas a una velocidad abismante. Recuerdo que cuando Pinochet se proclama Presidente de la República, en 1974, Leigh se esfuerza también entonces por lograr que ese cargo sea rotativo, como han acordado. Desde su puesto el general Julio Canessa[4] se juega por que esto no ocurra. Los argumentos que utiliza Pinochet para afirmar que él y sólo él debe ser Presidente de la República son básicamente dos: primero, que un Presidente rotativo limita las posibilidades de desarrollar políticas a mediano y largo plazo (en un año, como lo pretende Leigh, según Pinochet no se alcanza a hacer nada); y en segundo lugar, plantea el problema de la permanencia funcionaria a nive-

---

4   Julio Canessa, en la época referida, era coronel del Ejército y jefe del Comité Asesor de la Junta (COAJ).

les que naturalmente son de confianza exclusiva del Presidente. Por lo demás, muy pronto el Ejército deja en claro que cuestiona el sistema rotativo porque se opone terminantemente a que el país sea dirigido por el general César Mendoza.

Según Willoughby, ya en ese momento Pinochet comienza a actuar como iluminado.

Se convence cada vez más resueltamente de que su poder se lo da directamente Dios. La gente que lo rodea le refuerza y alimenta permanentemente esa idea. Y van apareciendo las señales públicas, como cuando declara en un discurso [octubre de 1982]: "Antes, ustedes (los chilenos) veían al Presidente metido allá en La Moneda y no sabían quién era. ¡Ahora hasta me pueden tocar!". O cuando [agosto de 1985] le dice a la prensa: "Aquí el único que se puede sublevar soy yo!". Pero éste es un proceso que viene desde bastante antes. Ya en 1974 comienza a manifestarse en Pinochet una suerte de identificación con el Estado, con un "yoísmo" muy marcado, como cuando declara "no tengo plata", tocándose el bolsillo, para explicar por qué no habrá reajuste, o cuando anuncia en sus discursos: "Voy a construirles un hospital", o "voy a levantar aquí tres mil viviendas", y quienes lo oyen quedan convencidos de que ese hospital y esas casas salen de su bolsillo. Hay una anécdota que se ha contado como chiste, pero que a mí me consta que es real: cuando uno de los nietos de Pinochet ve el mapa de Chile en su escritorio, apunta con el dedo y dice: "Éste es el fundo del tata". Sin embargo, en ese escenario, Pinochet se maneja con astucia, en particular respecto de los grupos de poder que pululan en torno suyo. Almuerza con la UDI, pero antes ha desayunado con Avanzada Nacional[5], y más tarde con un tercer grupo de dirigentes de otro sector, y

5   Pequeño movimiento de derecha ultranacionalista, que nunca se consolidó dentro de la política nacional.

así. A unos les concede un día, y se sienten triunfa-
dores, y les quita al día siguiente, y se sienten trai-
cionados. Va manejando los hilos de acuerdo a la
ocasión y la oportunidad. Lo importante para él, en
definitiva, es que ninguno de esos grupos se sienta
dueño de la situación. "Yo no me caso con nadie",
me dijo varias veces. Lo que ocurre, a esas alturas,
es que Pinochet ya se siente medio dueño del país.
Es natural que quiera administrar a su gusto algo
que siente como su propiedad.

Aunque cálculos conservadores indican que
durante los diecisiete años en que estuvo en el
poder Pinochet multiplicó casi cincuenta veces su
patrimonio personal -tiene hoy varias propiedades
y una flota de automóviles-, Willoughby está convencido de que el senador vitalicio no buscó su propio lucro.

Cuando se compra las casas que se compra, lo
hace con la convicción de que no está cometiendo
un delito, simplemente son cosas que le corresponden a una persona con las misiones "históricas" y
"divinas" que él está llevando a cabo. Por esto, uno
de los pocos momentos en que se viene abajo,
durante su gobierno, es cuando las revistas Análisis
y Cauce desnudan los escándalos de sus casas, en
Lo Curro y fundamentalmente en El Melocotón.
Cuando aparece el escándalo de Lo Curro, él discu-
rre una salida: será la "Casa de los Presidentes".
Pero con la de El Melocotón no sabe qué decir, se
descompone realmente, y entonces inventa esa historia de que se la compró con sus ahorros y todo
eso. Allí descubre que se le está imputando un delito que no quiso cometer y del que no sabe cómo
defenderse. Una tarde me dijo: "Esos que están
pataleando son sobre todo democratacristianos.
¿Por qué entonces no van a decirle nada al Papa por
las casas que tiene?". Es sintomático: para él, si el

Papa tiene una casa determinada, es lógico y natural que pueda tenerla él. Y entonces se siente abrumado, se desarma como pocas veces. El estado de sitio que viene poco después de esos escándalos, a fines de 1984, es una iniciativa personal de Pinochet, en contra de la opinión de los otros miembros de la Junta. Para los observadores, casi unánimemente, se trata de un estado de sitio injustificado, pero para Pinochet tiene un motivo muy grande: con él acalla a las revistas que han estado, en ese período, tocándole ese talón de Aquiles, las casas que se construyó.

Capítulo 7
Dejar quisiera / mi verso

No es chiste: Pinochet, el hombre que ordenó masivas quemas de libros tras el golpe, es presentado por biógrafos, gacetilleros y amanuenses como un escritor de fuste. También como sociólogo, historiador, polemista, pensador, genio y, en fin, visionario. Chilenos con ojos y nariz y boca, chilenos con cabeza y zapatos y extremidades, sostienen que la historia debiera ubicarlo al lado de Shakespeare o de Cervantes, o por lo menos en la senda de Neruda y la Mistral hacia Estocolmo.

Manuel Araya Villegas, un patriota de tez morena, frente ancha y nariz aguileña, autor de una biografía de Pinochet en su libro *Perfiles de honor*, quedó embelesado de veras con la partitura literaria del veterano militar: "Resulta impresionante, y es una verdadera caja de sorpresas, adentrarse en el estudio de su obra. La producción literaria de

Pinochet, como escritor, historiador, sociólogo, polemista, crítico, planificador de estudios y profesor e investigador de las políticas generales del Proceso Patrio chileno, es asombrosa". Por más que le ha dado vueltas al asunto, Araya no entiende "cómo una persona agobiada por tareas sin término se da tiempo para escribir, y escribir bien, sobre temas que exigen preparación técnica superior, como sucesos de la historia, aconteceres de la vida ciudadana y discurrir del proceso patrio, temáticas que hacen necesaria *una visión colindante con la genialidad**".

Araya Villegas no está solo en su juicio. El periodista neofascista colombiano Alvaro Pineda de Castro, autor de *Pinochet, verdad y ficción*, viril admirador de este militar de ojos azules y 179 centímetros de estatura, fue más categórico aún: "Si el destino de Pinochet hubiera sido sólo el de escritor, bastarían tres de sus obras (*Geopolítica, La Guerra del Pacífico: Campaña de Tarapacá y El día decisivo*) para consagrarlo a nivel nacional y continental".

Tal cual.

En 1953, como capitán de Ejército y profesor de Geografía Militar, Pinochet preparó y editó su primer trabajo literario: *Síntesis geográfica de Chile, Argentina, Bolivia y Perú*. La portada y las ilustraciones del texto pertenecen a Beltrán Cathalifaud. El capitán dedicó su libro "a la Escuela Militar de Chile, vivero de tradiciones donde se forma el alma

*   el subrayado es mío.

de la oficialidad de nuestro Ejército". Dos años después, el entonces mayor de Ejército y profesor de la Academia de Guerra editó una nueva *Síntesis geográfica de Chile*, trabajo de recopilación bibliográfica y cartográfica.

Su labor escritural se pasmó durante poco más de una década. Pero el hombre pudo finalmente volver a la pluma. A fines de 1967 el Instituto Geográfico Militar publicó un nuevo texto del coronel Pinochet: *Geografía militar*. El autor dedicó esta obra "a la Academia de Guerra del Ejército, a sus visionarios fundadores, a sus preclaros maestros". Colaboró en la confección de este volumen el general Tomás Opazo. El libro, destinado a los ávidos alumnos de la academia, presenta "en forma sencilla y condensada un estudio de las posibles influencias que ejerce la geografía en las diferentes actividades y funciones de carácter bélico".

Pinochet aparece como un profesor estricto, amante de la disciplina y el orden. Se confiesa admirador de von Clausewitz, teórico alemán, maestro de guerra de Lenin y defensor del concepto de la dominación de la sociedad civil con tácticas de guerra.

Desde el punto de vista militar, acaso su trabajo más ambicioso sea el que publicó en 1968: *Geopolítica*. Aquí, Pinochet se la jugó. En el capítulo que versa sobre "La soberanía", el autor se declara heredero directo de Diego Portales y celebra cómo Adolf Hitler -cuyo único defecto, a su juicio, es que perdió la guerra- comprendió la importancia extraordinaria de la acción sicológica frente al enemigo, cuando el Fuhrer escribe en su libro *Mi lucha*: "La propaganda revolucionaria desempeñará en el futuro el papel que tiene la cortina de fuego artillero como preparación para el ataque de la infantería. Su tarea será derrotar sicológicamente al enemigo antes de que entren en acción los ejércitos".

Algunos oficiales, sin embargo, denunciaron el plagio de Pinochet, la copia casi literal que hace de textos de otros, sin siquiera mencionar de paso a sus autores. Al analizar los rasgos científicos de la geopolítica, por ejemplo, Pinochet reproduce casi íntegramente párrafos de una conferencia dictada por el coronel Gregorio Rodríguez en 1950 ante los alumnos de la Academia de Guerra.

Dice Rodríguez:

> Para algunos, la Geopolítica no es más que una falsa ciencia ideada por los conductores de una determinada potencia con el objeto de justificar su política expansionista y sus ansias de dominio mundial. Esto, si bien pudo constituir en cierto momento la finalidad de un grupo de gobernantes de ese país y de los pensadores que los asesoraban, la verdad es que, al ampliarse sus horizontes, al convertirse en un cuerpo de doctrinas bien cimentadas, ella superó por sí sola tan menguados propósitos y hoy la Geopolítica ha pasado a ser una ciencia cuyo cultivo resulta indispensable para el estadista y muy conveniente al militar de cualquier rama de la defensa nacional.

En la página 45 de su libro, dice Pinochet:

Para muchos, la Geopolítica no es más que una falsa ciencia desarrollada por los alemanes con el fin de justificar su política imperialista y sus ansias de dominio mundial; finalidad que, si bien pudo constituir el objetivo de un determinado grupo de pensadores, la verdad es que al convertirse en un cuerpo de doctrinas bien cimentadas superó por sí sola tan menguados propósitos. Hoy ningún Estado que quiera construir su porvenir sobre sólidas bases puede prescindir de la Geopolítica.

Al analizar las bases geopolíticas del Vaticano, Rodríguez afirma:

El Vaticano, como todo Estado bien organizado y con definida orientación, marcha en conformidad a cierta doctrina geopolítica. La Iglesia Católica, que junto con perder el poder temporal había ido perdiendo mucho de su influencia espiritual, aspira hoy a recuperar esta última, y el resurgimiento social-cristiano le ofrece promisorias expectativas. Hay, pues, como se ve, marcada semejanza entre la Escuela Soviética y la del Vaticano.

Pinochet, sin remilgos, escribe en la página 71 de su libro *Geopolítica*:

El Vaticano, como todo Estado bien organizado y con una definida orientación, marcha conforme a una cierta doctrina geopolítica. La Iglesia Católica, junto con perder el poder temporal, ha venido perdiendo mucho de su influencia espiritual, que hoy aspira a recuperar con el resurgimiento social cristiano activado en el mundo y que le ofrece promisorias expectativas. Hay marcada semejanza entre la escuela Soviética y la del Vaticano.

Las *coincidencias* abundan: alcanzan a "la condición típicamente insular de Inglaterra"; a la escuela geopolítica norteamericana; a la escuela geopolítica soviética; al aporte del profesor alemán Karl Haushofer; a la teoría de Mac-Kinder sobre "el corazón de la tierra"; y a fragmentos del libro *Introducción a la Geopolítica* de los alemanes Hennig y Korholz, connotados nazis que en este texto hacen una apología del racismo y el colonialismo, además de una crítica despiadada a la democracia liberal. Pinochet hizo suyos todos estos conceptos.

Sin embargo, más allá de la autoría intelectual, los contenidos del libro *Geopolítica* merecieron, en 1973, un amplio análisis del general argentino Andrés Fernández Cendoya, publicado entonces en la revista militar *Estrategia*.

Dada su fecha de publicación, 1968, sostiene Fernández Cendoya, el trabajo de Pinochet "llama la atención no sólo por la simpleza y la falta de profundidad", sino también por "la falta de actualización conceptual". Se trata, anota el comentarista, de "un manual demasiado elemental para la jerarquía y experiencia profesional del autor. Como producto de quince años de ejercer la asignatura Geografía Militar, no es posible atribuirlo a uno de esos 'pecados de juventud' tan comunes en la literatura militar de estas regiones".

Fernández Cendoya añade que el texto de Pinochet "parece estancarse en el tiempo hacia las postrimerías de la Segunda Guerra Mundial, obviando de hecho todos los cambios ocurridos en el mundo en el transcurso de las dos últimas décadas (1945-1968)". A juicio del militar argentino, no se explica por qué Pinochet soslaya temas tan significativos como "la revolución científica y técnica, las contiendas ideológicas, las luchas de liberación, el desarrollo de las armas nucleares, la aparición de nuevos conceptos de integración y colaboración internacional, etc.". Fernández Cendoya destaca también una serie de planteamientos francamente anacrónicos propuestos por Pinochet, como la importancia de ciertos recursos de la fauna: "En el siglo XVI, Solimán III, sultán de los turcos, llegó hasta Viena con la ayuda de sus elefantes".

El comentarista argentino concluye que el libro *Geopolítica* es el resultado de una mentalidad política congelada y gravemente desactualizada".

Pinochet vivió un significativo trecho de su carrera en la zona norte del país, donde en 1879 se libró la Guerra del Pacífico. El 4 de septiembre de 1970 asumió el mando de la Jefatura de Iquique y supo que era la oportunidad que estaba esperando: desde joven había tenido la idea de escribir sobre algunos episodios de ese conflicto. En 1972, por fin, publicó *La Guerra del Pacífico: Campaña de Tarapacá.* Dedicó la obra a "los hijos de las Repúblicas de Chile, Perú y Bolivia caídos en defensa del honor de sus banderas, y a los Centinelas del Norte, celosos guardianes de tantas glorias y tradiciones".

En el prefacio, Pinochet exhibe una vena inusualmente lírica: "Desde la pampa el camino se abre hacia Iquique, para llegar al magnífico anfiteatro de Alto Hospicio. Allí, al mirar hacia el oeste, la pupila se dilata para contemplar las azules aguas del Pacífico, las mismas que ayer sirvieron de sudario a los restos inmortales de los que cayeron en el homérico combate de la rada. Allí se hacen presentes Prat, que sacrificó su vida para la inmortalidad un 21 de mayo; o Grau, el caballero del mar, que más tarde en Angamos escribiera su nombre en la eternidad de la historia un 8 de octubre".

Araya Villegas, ese patriota de tez morena, frente ancha y nariz aguileña, no pudo sustraerse al análisis de este libro: "Comprende una visión serena y desapasionada de lo que fue ese conflicto entre Chile, Perú y Bolivia, en la que las dotes de narrador, historiador y estratega del autor se entrelazan con su acendrado patriotismo y amor a su profesión militar".

Otros comentaristas, sin embargo, han destacado la "carga de animosidad manifiesta en ciertas expresiones para juzgar a las autoridades bolivianas de turno", a las cuales el autor, de paso, les recuerda la tesis de que dicho país no tiene hoy "absolutamente ningún derecho" sobre el litoral marítimo que perdió en 1879. Por otra parte, un oficial que estuvo bajo su mando en Iquique aseguró que Pinochet no escribió *Guerra del Pacífico: Campaña de Tarapacá:* "Pinochet tenía a su cargo a toda la oficialidad de Iquique, entre los que me incluía yo. Nos pidió a varios de nosotros que hiciéramos esa investigación. La hicimos y la entregamos. Pinochet la ordenó, le puso nombre y se la pasó al Departamento de Publicaciones del Ejército para que la editara. Esto lo saben todos los oficiales que entonces estaban en Iquique".

El golpe de 1973 provocó un vuelco en la carrera literaria de Pinochet. Ya no era la historia militar el centro de atención de sus escritos. Ahora estimaba necesario "enseñarle al país y al mundo, a los hijos de nuestros hijos", cómo las Fuerzas Armadas "encabezan el proceso de liberación nacional del yugo comunista".

Seis años después del golpe apareció en las librerías de todo el país *El día decisivo*, promovido como un auténtico best-seller. El grueso del texto está presentado en forma de entrevista. Cuando le preguntaron a Pinochet quién lo interrogaba, respondió:

-Un fantasma... un fantasma.

-¿Pero por qué se plantea como pregunta y respuesta si no se puede saber quién lo interroga?

-Porque son preguntas e inquietudes que cualquier chileno bien nacido se haría ante un pasaje de la historia de Chile.

En algún momento se filtró que Fernando Emmerich, escritor y amigo personal del dictador, participó activamente en la redacción de *El día decisivo*. En este libro, Pinochet entrega antecedentes sobre su vocación militar, y evoca cómo germinó en su interior "esa acendrada tirria hacia los marxistas" y qué estrategia empleó para instalarse en La Moneda. A Allende lo describe así: "Yo permanecía en el sillón que bien podría llamarse de los acusados, cuando un general entró en la sala. Era un compañero de armas al que yo siempre le tuve confianza, pese a que no faltaba quien lo mostraba como amigo de Allende. Allende aún no había llegado a la sala. Estaba llena y todos habían tomado asiento. Pocos minutos más tarde apareció Allende por una puerta lateral. Debo decir que su aparición fue espectacular; se presentó de una manera que no olvidaría aunque viviera cien años. Vestía traje oscuro y llevaba en su cabeza un gorro de astracán. Envolvía su vestimenta una capa azul con forro rojo sangre y un gran cuello de piel. Se diría que Mefistófeles en persona había llegado a la reunión".

Está claro que la lucha, a sus ojos, era entre Dios y el Diablo. Pinochet dice de sí mismo: "Había como una luz divina que iluminaba esos días negros. Hoy, cuando miro el camino recorrido, pienso cómo la Providencia, sin forzar los actos, iba limpiando la senda de obstáculos, para facilitar con ello la acción final que debíamos ejecutar sobre el gobierno de la Unidad Popular".

La pluma de Pinochet se tornaba urgente, patética, apasionada.

No es extraño que montara en cólera cuando los propios generales golpistas desmintieron el retrato que él hace de sí mismo en *El día decisivo*.

Más tarde, en 1983, Pinochet publicaría *Política, politiquería y demagogia*, un libro que, según sus propias palabras, no es un ensayo teórico sino "una visión muy personal que describe aquel tipo de conductas y actitudes que deterioraron progresivamente nuestra vida institucional". En este texto asegura además tener "fe en el alma nacional", pese a que la juzga "carente de malicia, presa fácil de la demagogia".

Pinochet reflexiona aquí sobre lo que para él significó asumir dos papeles "aparentemente antagónicos": militar y gobernante. A su juicio, claro está, no existen diferencias de fondo entre uno y otro. Escribe:

> En la vida militar se vive, quizá con mayor claridad formal que en otra parte, en la permanente dinámica de mandar y obedecer. En la organización militar, quien no sepa mandar, no sirve. Y quien no sepa obedecer, tampoco sirve. Por lo demás, y aunque resulte un tanto drástico decirlo así, en la vida la persona que resulta más inútil es aquella que no sabe mandar ni obedecer. Creo que para ejecutar bien el mando es imprescindible haber aprendido a obedecer. Y obedecer en plenitud, en forma comprometida, sin vacilaciones. Es mal jefe, por lo tanto, quien haya sido mal subalterno. En resumidas cuentas, el saber mandar y el saber obedecer son instancias de la vida militar que pueden diferir sólo en meras cuestiones de forma en su proyección a la sociedad en general.

Aquí a todas luces no hay plagio posible: la voz de Pinochet se torna inconfundible. El general en retiro declara que su gobierno fue "el mayor obstáculo del mundo para la acción imperialista de la Unión Soviética", y subestima a los norteamericanos y a Europa Occidental, porque "aquí, en Chile, como quizás en ningún otro país, existe un voluntariado que realiza loables tareas sin el más mínimo interés personal de parte de sus integrantes: ahí están la Cruz Roja, el Cuerpo de Bomberos, la Damas de Rojo, Cema-Chile[1], la Junta Nacional de Jardines Infantiles, por sólo nombrar algunas en cuyo seno se expresa diáfanamente lo más elevado del alma nacional".

La obsesión por el orden y las jerarquías se le sale por los poros: la reitera cada cuatro o cinco páginas. Llega a hacer de estos valores sinónimo de "la obra del Creador". Dice:

> La naturaleza nos enseña que es necesario un orden y una jerarquía básicos. Los planetas observan un orden invariable, el que permite una perfecta funcionalidad de toda la estructura cósmica, que es obra divina. En otras palabras, es el Creador quien nos pone enfrente de una realidad de equilibrio, orden y autoridad. Es bello sólo lo que posee un ordenamiento. Es bello sólo lo que tiene relación con una armonía, que origina funciones limitadas. Y esas funciones se llaman jerarquías.

En esta obra, además, Pinochet cuestiona radicalmente la doctrina constitucionalista y profesional de las Fuerzas Armadas, la misma que defendiera con pasión durante toda su vida hasta 1973. Este nuevo Pinochet considera sencillamente inadmisible que los militares tengan que subordinarse a la sociedad civil:

> Existe una expresión, muchas veces dicha pero pocas veces analizada, que hace referencia taxativa

1   Organización creada durante la presidencia de Eduardo Frei Montalva, que agrupa a los centros de Madres, tradicionalmente dirigida por la Primera Dama de turno. Sin embargo, a pesar de no ser ya la mujer del Presidente, Lucía Hiriart sigue encabezándola.

a la idea de que los militares debemos enclaustrar-
nos estrictamente en nuestros recintos. Mi ánimo es
el de desvirtuar a quien pretendiese, caprichosa-
mente, adscribir a un militar una suerte de incapa-
cidad por formación para asumir funciones públicas. Aquello resultaría tan absurdo como si yo plan-
teara que un médico debe enclaustrarse estrictamente en los hospitales, o un abogado en sus labo-
res jurídicas. ¡No!

Por otra parte, no son pocos los libros y las publicaciones de otros autores basados en la vida y obra
de este militar que, al decir de Manuel Araya
Villegas, "es dueño de una producción vigorosa,
digna, decidida y de tan grande trascendencia para
el conocimiento del período histórico que nos ha
correspondido vivir; una obra donde los historiadores, sociólogos, eruditos y maestros encontrarán lo
suyo, y donde la Patria, la democracia y el pueblo
también encontrarán lo suyo".

Destaca, entre este tipo publicaciones, el libro
*Pionero del mañana, Tomorrow's Pioneer, biografía ilus-
trada de mi padre por Lucía Pinochet Hiriart*, cuyos
capítulos lucen títulos como: "Un amor para toda la
vida, A love for a lifetime" (sobre el amor entre
Augusto y Lucía), o "Con la valía de los méritos
propios, With the value of his own merits", donde
se enumeran algunos de los más de tres mil títulos,
condecoraciones y preseas recibidos por su padre,
como la Medalla Minerva, la Medalla Diosa
Minerva, la Gran Estrella al Mérito Militar, la
Medalla Once de Septiembre, la Medalla Presidente
de la República: todo un récord de este individuo
designado patrono de la Universidad de Chile y de

INACAP[2], presidente honorario de la Cruz Roja chilena y del club de fútbol Colo-Colo, e Hijo Ilustre en casi cien municipalidades chilenas cuyos alcaldes eran nombrados por él mismo.

Un ya veterano Pinochet redactó, por último, una especie de testamento político en tres tomos, *Camino recorrido*, donde hace un balance de su gestión -incluyendo cuadros estadísticos con sabotajes explosivos, incendiarios y asaltos subversivos padecidos por las Fuerzas Armadas- y expone sus más caras convicciones:

> Nosotros tenemos "buenos" y "malos". Porque definimos tajantemente los campos. La cuestión nos resulta clara. O uno da de baja al enemigo, o el enemigo lo da de baja a uno. No hay claroscuros ni ambigüedades. Lo blanco es blanco y lo negro es negro. Por eso hablamos con el "sí, sí y no, no" de la recomendación evangélica. Quienes medran profesionalmente con los grises, con los quizás, con los tal vez y los posiblemente, no se incorporarían gustosamente a nuestras filas. Y está claro que nuestros enemigos tampoco pecaron de conciliadores y misericordiosos. Con una diferencia: que se arroparon con el lenguaje hipócrita de los mansos corderos, "víctimas de las violaciones a los derechos humanos", como algunos son calificados. ¡Tamaños barrabases! ¡Angelitos de Primera Comunión! ¡Tan santos de Dios como Caín, Herodes o Judas!

Hacia el final, una vez más, Pinochet da rienda suelta a su vena lírica y, por qué no, shakespeareana:

Al detener mi pluma, me preguntaba si el lector de este libro me habrá visto en estas páginas como soy: idéntico a mí mismo. Puesto que: "To be or not to be -that is the question". Ser o no ser. De eso se trata, en suma (*Hamlet*, III, 1, 56). Repito junto al poeta que dijo: "Dejar quisiera / mi verso, como deja el capitán su espada; / famosa por la mano viril que la blandiera, / no por el docto oficio de forjador preciada". Al girar mi cabeza escucho las notas agudas del corneta que vocaliza en su tocata la orden de ¡alto, alto la marcha! Por mi parte, no quiero cerrar estas Memorias sin dar gracias al Altísimo, que lo invocara un 11 de septiembre de 1973 para pedir ayuda para este pueblo. Hoy le doy gracias porque me ha dado vida para ver casi derrotada a la URSS, la caída del Muro de Berlín y la detención del avance del comunismo en el mundo. Ver también caer a mis enemigos con las mismas armas que esgrimieron contra Chile, ¡pero caer vencidos! ¡Gracias mi Dios!

Todo un poeta.

Capítulo 8
Un viajero atribulado

Sea cual sea el desenlace del episodio londinense, una cosa queda de manifiesto: a pesar de su confesa afición por los mapas y las cartas geográficas del mundo entero (en los años ochenta, en la casa de veraneo de Bucalemu, tenía desplegada una de la frontera afgano-soviética y se entretenía moviendo figuritas para indicar las zonas de dominio de los bandos en lucha), Pinochet no ha tenido suerte cuando ha viajado al extranjero.

Hasta hace algunos años decía no amargarse. Sostenía que en Sudáfrica -todavía entonces bajo el *apartheid*- lo recibirían con los brazos abiertos. Lo mismo en Paraguay cuando campeaba en el poder su compadre el general Alfredo Stroessner. ¿Y hoy? Hoy sólo se sentiría seguro en el patio de su casa. Salir, llegar a un aeropuerto extraño, no saber quién lo vigila, asistir a protocolos en la vía pública, escuchar a periodistas insolentes o entrometidos, avistar pancartas poco amistosas con su nombre, no, eso no; eso jamás.

El 20 de noviembre de 1975, apenas supo de la muerte del generalísimo Francisco Franco, uno de los personajes que admira con irredenta devoción, Pinochet afirmó: "Es una gran pérdida. ¡Qué lamentable! Dios ilumine a España y no la aparte de su senda actual". Horas después preparó maletas y anunció oficialmente que viajaría a Madrid para despedir los restos del octogenario caudillo anticomunista que durante casi cuarenta años rigió los destinos de España.

Era la primera vez que Pinochet pisaba Europa. Lo acompañaban, entre otros, su esposa Lucía Hiriart, el canciller Patricio Carvajal, el general Sergio Arellano Stark, jefe del Estado Mayor de la Defensa Nacional; y Federico Willoughby, su secretario de prensa. A los periodistas españoles les dijo que había viajado a ese país para rendir homenaje a "un hombre que luchó, como yo, contra el comunismo. Soy enemigo sincero de los comunistas, los ataco y donde puedo los destruyo".

La prensa chilena, absolutamente controlada por su régimen, resaltó "la simpatía, afecto y adhesión que provoca el Presidente entre los españoles", y destacó cómo los periodistas, que no podían avanzar por los atochamientos de gente, decían "somos chilenos" y entonces el público los dejaba pasar: "Abrid camino, que son los chilenos del Presidente

Pinochet, que echó a los comunistas, dejadlos pasar". Nadie dijo, en Chile, que a Pinochet sólo le permitieron quedarse cuarenta y ocho horas en España, porque, como afirmó el diario *El País*, "la siniestra imagen de la capa del general golpista cuadra mal con los nuevos tiempos".

En el libro *Pinochet, verdad y ficción*, de Alvaro Pineda de Castro, el oficial del ejército español Alberto Vasallo de Mumbert hizo un notable alarde de imaginación para describir la fugaz permanencia del general chileno en Madrid:

> No podemos olvidar aquel nobilísimo gesto, excelso gesto, que tuvisteis volando hasta España para despedir a vuestro amigo, a nuestro Caudillo, el pertinaz defensor de la cultura de Occidente, Generalísimo Francisco Franco. Y os vimos llegar y acudir combatiendo el frío en los días y en las madrugadas de aquel mes de noviembre de 1975. Y os vimos la emoción en vuestra cara y supimos del dolor en vuestras palabras. Y es mucho más de agradecer vuestro gesto, y realza más la sinceridad de vuestro viaje, porque no os quedasteis ni a los desayunos ni a las comidas ni a los festejos a los que se apuntaron otros muchos jefes de Estado y Gobierno, a quienes pareció más conveniente no sufrir el luto y subirse en el carro internacional de los invitados de postín.

A la vuelta, varias de las mujeres que formaban parte de la comitiva presidencial comentaron las bondades de la policía de tránsito española: "Hermosas muchachas con pantalones y abrigo azul marino con botones dorados, más una coqueta gorra, dirigen el tránsito con las manos enguantadas de blanco. Sería buena idea practicarlo en

Chile". Lucía Hiriart, con chilena picardía, les salió al paso: "No, mijitas. No ven que nuestras paquitas[1] son muy buenasmozas, y en lugar de evitar accidentes los provocarían porque distraerían a los conductores".

Los funcionarios que Pinochet repartió por el mundo durante su mandato -en su mayoría militares- contribuyeron todavía más a aislar a Pinochet. Salvo contadas excepciones, le presentaban a su jefe informes que poco o nada tenían que ver con la realidad que ocurría más allá de las fronteras chilenas. Eduardo Gordon, embajador en Nicaragua hasta el derrocamiento de Anastasio Somoza, decía dos semanas antes de la caída del dictador: "Se ha exagerado la situación por la que pasa Nicaragua. Desde la embajada no se perciben disturbios y en todo el sector hay ambiente de tranquilidad. A mi juicio, los corresponsales extranjeros han magnificado la situación".

En fin. La bitácora internacional de Pinochet se había iniciado a comienzos de la década del 50 en Panamá, adonde viajó para realizar un curso militar de entrenamiento y por el cual le dieron su primera medalla. Luego, en 1956, partió a Quito por tres años, en misión militar, para ayudar a la formación de la Academia de Guerra de Ecuador. Dieciséis años después, en septiembre de 1972, debió subrogar al Comandante en Jefe del Ejército, Carlos Prats,

1   Miembros femeninos del cuerpo de Carabineros

y representarlo en Ciudad de México durante la celebración del CLXII aniversario de la Independencia de ese país. Regresó "encantado de la democracia mexicana" y de cómo valoraban a Chile en el extranjero. Habló de esta fascinación con sus amigos durante varias semanas.

Tras el golpe, sus asesores le sugirieron que aprovechara la proliferación en América Latina de gobiernos conservadores o militares para viajar y tratar de mejorar las relaciones bilaterales con esos países. Entonces Pinochet se subió a varios aviones. Entre uno y otro, se dedicaba a leer diarios, como el vespertino *La Segunda* del 29 de agosto de 1974, para gozar una vez más de ciertos párrafos: "María Estela Perón, de Argentina, será proclamada Dama de las Américas; Alfredo Stroessner, de Paraguay, tomará el Premio Internacional de la Paz; Augusto Pinochet, de Chile, el Premio Libertad Internacional; Eugenio Kjell Laugerud, de Guatemala, será distinguido con el lauro Panamericanismo; y Richard Nixon, de Estados Unidos, será declarado el Hombre del Año".

El miércoles 13 de marzo de 1974, Pinochet inauguró sus viajes presidenciales. Abordó un boeing Lan Chile y voló hasta Brasilia para asistir a la asunción de mando del nuevo Presidente de Brasil, Ernesto Geisel. En conferencia de prensa, el mandatario chileno elogió la abundancia de regímenes militares en América Latina, un fenómeno que catalogó como "definitivo" y como expresión de "un continente sano y con futuro".

-Las Fuerzas Armadas de ambos países han asumido la tarea de abrir un nuevo régimen político estable, duradero y proyectado al futuro. En Chile hemos debido hacerlo porque las fórmulas políticas tradicionales se encontraban definitivamente agotadas. La experiencia de un gobierno en que las Fuerzas Armadas y de Orden asumen el poder político, en forma institucional y orgánica, con profunda decisión creadora, es una realidad que en este continente debe considerarse como un fenómeno nuevo, reciente e ineludible.

Al bueno de Stroessner lo visitó el 13 de mayo del mismo año. Estuvo tres días en Asunción. Al llegar al Aeropuerto Presidente Stroessner, Pinochet elogió "el coraje de la raza y el pueblo paraguayos". Más tarde intercambió medallas y collares de diversos quilates. Entregó a Stroessner la curiosa distinción de General Honoris Causa del Ejército Chileno, le obsequió el sable de Bernardo O'Higgins -pero era una réplica- y le prendió en el pecho la condecoración Presidente de la República. El paraguayo, por su parte, le hizo entrega de la medalla y el collar Mariscal Francisco Solano López. Ambos generales se entretuvieron hablando de historia. Stroesner dijo que el bisabuelo de Solano López era oriundo de la isla de Chiloé, en Chile. Y que el obispo paraguayo Juan González Melgarejo fue quien entregó "hacienda y fuerzas" para construir la Iglesia Catedral de Santiago entre 1745 y 1754. Y que un tío de Bernardo O'Higgins, don Guillermo O'Higgins, contrajo matrimonio con "una distinguidísima dama paraguaya", por lo que todavía existen numerosos paraguayos "que se honran con llevar el apellido del máximo prócer de la Independencia de Chile". Pinochet estaba dichoso. Más tarde, tras las reuniones de trabajo, anunciaron la inminente realización de la carretera Antofagasta-Asunción, que nunca se hizo.

A la hora de los discursos, un tal general Johansen habló de Pinochet como "el líder que hizo brillar el acero de su espada para no permitir jamás el enseñoreamiento de esa doctrina antinacional y anticristiana que es el comunismo ateo". Mientras, la prensa paraguaya entregaba antecedentes sobre un grupo de chilenos que había sido apresado en Puerto Stroessner, cerca de la frontera con Brasil, porque "planeaba un atentado en tierra guaraní contra la ilustre figura del general Pinochet, conocido como el General de los Pobres".

El 16 de mayo, antes de viajar a Buenos Aires para reunirse durante unas horas con el general Juan Domingo Perón, Pinochet respondió algunas preguntas de la prensa:

-¿Cuál es la preocupación de su gobierno por los presos políticos?

-Nos hemos preocupado hasta del clima, pues los que estaban en Dawson los trasladamos a Santiago, ya que en la isla hay bajas temperaturas a estas alturas del año.

-¿Se han respetado los derechos humanos en Chile?

-Una hora después de que se iniciara el pronunciamiento militar, comenzó la campaña del comunismo internacional, pretendiendo distorsionar la realidad chilena. El gobierno chileno es de fundamentos cristianos y allá se respeta al hombre y su dignidad. Los Consejos de Guerra están actuando con calma y aplicando la ley que rige desde 1926. No se ha podido demostrar ni un solo caso de violación a los derechos humanos.

Pinochet aterrizó en la base militar de Morón, diecisiete kilómetros al oeste de Buenos Aires, poco antes de las tres de la tarde. Lo acompañaban una buena cantidad de ministros, su esposa y su pequeña y colegiala hija Jacqueline Marie. Lo recibieron el general Juan Domingo Perón, su esposa Estela Martínez y José López Rega, aquel sórdido ministro de Bienestar Social, en medio de un impresionante operativo de seguridad que incluía a los cinco mil soldados de la base, el acantonamiento de todos los aviones Mirage y una importante dotación de perros amaestrados. Las autoridades trasandinas temían un posible atentado en contra de Pinochet, ya que su arribo a Buenos Aires se producía luego de numerosas manifestaciones de repudio organizadas desde el Frente Justicialista, además de la declaración de "persona non grata" formulada por la Sala de Representantes de la capital federal.

El canciller Ismael Huerta fue el encargado de hablar con la prensa.

-Las torturas -dijo- están prohibidas en Chile, y si bien pudo haber trato rudo o duro días después del pronunciamiento militar, ya que fueron tres años de negra pesadilla los que vivió el país, si se tiene conocimiento de que alguien es torturado y eso es comprobado, de inmediato será sancionado drásticamente. Chile es un país sumamente respetuoso de los derechos humanos.

Un periodista le preguntó qué haría Chile si otros países tomaban medidas restrictivas contra su gobierno.

-También nosotros podríamos hacer lo mismo -respondió el canciller-. Por ejemplo, Italia es un país distribuidor de cobre. Sin ningún afán de amenazar, si ese país toma alguna medida, Chile también actuaría.

Tras un fugaz encuentro con Hugo Banzer en Charaña, frontera chileno-boliviana, el 8 de febrero de 1975 (un abrazo que significó la reanudación de relaciones diplomáticas entre ambos países por algunos meses), Pinochet encomendó a sus asesores la preparación de una entrevista a solas con Estela Martínez de Perón, tan discreta que doce horas antes de su realización nadie tenía idea de dónde se iba a efectuar; lo único que se sabía era que el conflictivo tema del Beagle no se iba a tocar. Se mencionó primero Bariloche como lugar de la cita, pero fue desechado por no ofrecer suficiente seguridad. Después se dijo que sería Mendoza, pero ni Perón ni Isabelita la visitaron jamás por no ser una ciudad muy adicta al peronismo. En Salta era imposible, porque ahí se habían reunido Lanusse y Allende.

Finalmente optaron por la base aérea de Morón, la misma del año anterior, con el mismo despliegue de medidas de seguridad, y el principal resultado destacado con entusiasmo por la prensa fue el facón - hermoso puñal de plata que usan los gauchos para rebanar asado- que recibió como regalo el secretario de prensa de Pinochet, Federico Willoughby.

El 21 de abril de 1976, Pinochet y su comitiva abordaron un avión Lan Chile con destino a Montevideo para una gira de cinco días. El Presidente uruguayo, Juan María Bordaberry, acendrado fascista y corporativista de sólida formación, y admirador de Pinochet por sus acciones y no por sus opiniones, lo recibió en el aeropuerto de Carrasco proclamando la convicción de "no transar en el objetivo común: extirpar del mundo el cáncer marxista". La prensa uruguaya dedicó grandes espacios a la difusión del complejo pensamiento político de Pinochet. El diario *La Mañana* publicó una entrevista exclusiva que sintetizaba en su entradilla las opiniones del mandatario chileno: "Universidad para todos los más capaces. Partidos políticos: mera corriente de opinión. No me he fijado tiempo, pero sí muchas metas. Retorno a la democracia, pero no a la tradicional. Contra Cuba mientras reine el comunismo".

El diario *El Día* le preguntó si las Fuerzas Armadas tenían la intención de asegurarse una participación permanente en el gobierno de Chile. Respondió Pinochet:

-Nuestra participación actual es bien conocida. El ideal más adelante es que las tropas vuelvan a sus cuarteles. Pero es necesario establecer un mecanismo para que las Fuerzas Armadas tengan responsabilidades en el control del país, para que de esa forma no se interrumpa otra vez la normalidad institucional.

El mesianismo no estuvo ausente en los discursos. El oficial del ejército uruguayo, teniente general Julio César Vadora, le dijo a Pinochet que "los cambiantes parámetros políticos de este siglo nos identifican, a Chile y Uruguay, en nuestra común posición como verdaderos líderes del único y real espíritu democrático occidental".

Los diarios chilenos no trepidaron en calificar la llegada de Pinochet como una "triunfal recepción". El periodista Alvaro Puga (Alexis) escribió en el diario *La Segunda* una columna titulada *La pesadilla quedó atrás*, que se iniciaba nada menos que con una cita de Quevedo: "De Moisés dijo San Agustín que tuvo todas las buenas partes que se pueden desear en un buen príncipe para el gobierno. Humildad en rehusar el cargo, obediencia en aceptarlo, fidelidad en hacer el oficio, industria en ejecutar las órdenes de Dios, desvelo en regir al pueblo, vehemencia en corregirle, celo ardiente en amarle, grande paciencia en sufrirle".

Los asesores de Pinochet no sabían si algún día él podría viajar a Estados Unidos: la opinión pública era adversa. Cuando se enteraron de que los gobiernos de Panamá y Estados Unidos firmarían un tratado sobre el Canal de Panamá, y que el Presidente Carter invitaría a todos los jefes de Estado de la OEA a Washington como testigos del histórico acuerdo, supieron que Pinochet tenía miedo, pero acabaron por convencerlo de que era una buena oportunidad para que su figura apareciera junto a la de todos los gobernantes americanos, especialmente la de Jimmy Carter.

El general viajó a Washington a las once de la mañana del 5 de septiembre de 1977, junto a ochenta y seis personas, entre las que se incluían cuatro médicos, dos equipos de Canal Nacional y una cuarentena de funcionarios de los servicios de seguridad. El diario *El Cronista* editorializó esa mañana:

> Su misión, lo sabemos, no será fácil, ya que en el último tiempo los eternos enemigos de Chile han sembrado de confusiones y prejuicios el ambiente internacional. Pero la cordialidad y la fuerte personalidad del general Pinochet habrá de sorprender a quienes no lo conocen, especialmente a los periodistas, que en vez de un hombre hermético descubrirán en el Presidente Pinochet a un estadista amable, sencillo y de profundos conocimientos sobre las más variadas materias. Por ejemplo, la leyenda sobre los "desaparecidos", sobre los presuntos atropellos a los derechos humanos y otras que circulan por el mundo a impulsos de los vientos marxistas, han de encontrar la réplica adecuada y ampliamente explicatoria de parte del más alto representante de la Nación chilena.

Después de entrevistarse con Carter, Pinochet dialogó con los periodistas, que sin vacilar pusieron sobre la mesa el tema de los derechos humanos.

Pinochet habló como si hubiese tenido una calculadora:

-Entre asegurar los derechos de diez mil disociadores o garantizar los de diez millones, no tuvimos la menor duda.

Cuando le preguntaron sobre el asesinato en Washington del canciller de Allende, Orlando Letelier, perpetrado por la policía política de Pinochet, el general chileno replicó llevándose el pulgar a los labios:

-Puedo jurar que nadie en el gobierno chileno planeó jamás semejante cosa. Letelier estuvo detenido en Chile y fui yo personalmente quien le dio la libertad y la autorización para que dejara el país.

La noche previa a la firma del acuerdo, hubo dos manifestaciones en la capital norteamericana: una contra el tratado y otra repudiando la presencia de Pinochet. Esa misma noche se celebró un gigantesco acto en la OEA en honor a los jefes de estado y sus delegaciones. El escritor Graham Greene, amigo e invitado personal del Presidente de Panamá, Omar Torrijos, narra en su libro *Historia de un compromiso* lo que vio y sintió durante esos días:

Apenas era posible permanecer parado en torno a las mesas dispuestas en los dos primeros pisos, de manera que la simpática joven panameña que debía atenderme me condujo al tercer piso, donde no había comida y sí había, en consecuencia, lugar suficiente para moverse. Además allí tenía mayores probabilidades de ver por lo menos a algunos de los dictadores presentes, ya que era poco probable que ninguno de ellos estuviese luchando por comer algo alrededor de las mesas. Decidí que si me cruzaba con Pinochet le diría: "Creo que tenemos un amigo en común: el doctor Allende".

El caso fue que Pinochet no apareció, pero estaban allí Stroessner, Videla y el Presidente de Guatemala vestidos de civil y luciendo un aspecto muy democrático. Me ubiqué a unos pasos de Stroessner. Lo había visto por última vez en 1968 durante el festejo del día patrio en Asunción, vistiendo su uniforme militar, en una plataforma desde donde saludaba a los veteranos de la guerra con Bolivia en sus sillas de ruedas y a los coroneles que desfilaban en sus automóviles, como soldaditos de plomo. Sin uniforme, Stroessner recordaba más bien al dueño de una cervecería alemana.

Al día siguiente vino el Gran Espectáculo de la firma del Tratado del Canal. Todos los actores de cine conocidos estaban presentes, todos, salvo quizás Elizabeth Taylor. Los actores de mayor importancia ocupaban el estrado, ofreciendo un espectáculo más bien penoso, pero más impresionante era el de las estrellas latinoamericanas: el general cervecero Alfredo Stroessner; el general Videla, cuya cara enjuta cobra ominosidad en sus ojos de zorro; el general Banzer, un hombrecito asustado con su bigote tembloroso; y finalmente el personaje odiado por excelencia: el general Pinochet en persona. Era el único que podía contemplar con un desprecio no exento de humorismo a los frívolos y bien remunerados actores de Hollywood. Tenía el mentón tan hundido que parecía carecer de cuello, ojos inteligentes y sarcásticos, con una expresión de falsa cordialidad que parecía decirnos a todos que no tomásemos tan en serio aquellas historias de muertes y tortura que surgían en América del Sur.

Pinochet, estoy seguro, sabía que dominaba la escena. Era el único a quien agredía la gente en las calles de Washington con sus pancartas. Tal vez no supiesen escribir correctamente el apellido Stroessner, o hubiesen olvidado el de Banzer. De todos modos, Pinochet demostró mucho tacto. No saludó a su aliado Kissinger desde donde estaba y Kissinger no lo miró.

Apostados en el estrado, ocho generales más del hemisferio sur contemplaban a Torrijos firmando un Tratado que no era de su agrado, y sospecho que muchos de los grupos que protestaban en las calles de Washington no los identificaban con claridad. Para ellos todos eran generales, todos en cierto modo dictadores. Una protesta contra Pinochet, entonces, era una protesta contra todos ellos.

Omar [Torrijos] tenía plena conciencia del peligro. Su deseo había sido que sólo estuvieran presentes los gobernantes que habían apoyado sus gestiones, pero Carter había insistido en que se invitara a todos los miembros de la Organización de Estados Americanos. La insistencia de Carter implicó un triunfo para Pinochet y una situación incómoda para Torrijos.

Después de la firma del Tratado, Carter y Torrijos se alejaron del estrado en direcciones opuestas para saludar a los jefes de gobierno. El abrazo es el saludo amistoso habitual en América Latina, pero advertí que Torrijos abrazó sólo a los presidentes de Colombia, Venezuela y Perú, limitándose a un seco apretón de manos en el caso de Bolivia y Argentina. Lentamente avanzaba a lo largo de la fila de mandatarios en dirección de Pinochet. Pinochet había notado la actitud de Omar y sus ojos brillaron con una expresión maliciosa. Cuando le llegó el turno estrechó la mano del general Torrijos y con la mano libre lo abrazó. Si en ese

instante se hubiese tomado una foto, habría parecido que Torrijos abrazaba a Pinochet.

De vuelta en Chile, Pinochet continuó despotri-
cando contra "la agresión orquestada del marxismo
internacional". Su esposa Lucía hizo lo mismo. Ella
sostuvo un breve diálogo con la prensa:

-A su juicio, ¿a qué se deben los problemas de
imagen que tiene Chile en el exterior?

-Bueno, se trata de una cuestión de dinero. Ni
aunque gastásemos todo el presupuesto chileno
podríamos juntar la mitad del dinero del que ellos
disponen en sus campañas para desprestigiarnos. Y
también está el problema de las conciencias que se
venden. Personas que han hablado con mi marido,
que han comido en nuestra mesa y que han conocido a nuestros nietos. Y después salen hablando
barbaridades que no se pueden explicar si no es
porque venden sus conciencias. Incluso han visitado a los cuatro pelafustanes apestosos que nos van
quedando por ahí. Los ven gordos, sanos, rozagan-
tes, y después salen de Chile hablando de torturas y
otras barbaridades.

La asamblea general de las Naciones Unidas
aprobó una resolución en contra del gobierno chileno por sus "constantes atropellos a los derechos
humanos". Pinochet no soportó el fallo. Se enarde-
ció. Habló con sus asesores y, a poco andar, comunicó a la ciudadanía que llamaría a una Consulta
Nacional para que el pueblo "me dé su respaldo,
pero no por propósitos personalistas, sino para continuar defendiendo, en mi calidad de Presidente de

la República, la dignidad de Chile que se pretende mancillar".

El acto convocado por Pinochet se efectuó el 4 de enero de 1978. La cartola de la consulta -una especie de plebiscito- ofrecía dos alternativas de respuesta (Sí y No) para dos preguntas distintas contenidas en una sola: *¿Rechaza la resolución de las Naciones Unidas emitida en contra de Chile.?; y ¿Otorga al Presidente de la República todas las atribuciones para conducir el proceso de creación de una nueva institucionalidad para el país?* En una votación sin registros electorales (se votaba presentando el carnet de identidad), con urnas improvisadas y con propaganda oficial sin contrapeso público alguno, ganó el Sí por amplia mayoría: poco más del 70 por ciento de los votos.

La euforia de Pinochet se desató. En un acto de masas la misma noche del triunfo, bramó:

-Creo, señores, que ahora la primera respuesta es a las Naciones Unidas, decirles: ¡señores, se acabó! En segundo lugar, revisar nuestra política exterior: la haremos más agresiva y pragmática. Ahora, esto trae también algunas medidas de orden. Se acabó el problema de volver a pensar en elecciones, votaciones. ¡Eso ya pasa a la historia! Aquí, señores, ¡a trabajar todo el mundo! A trabajar todo el mundo, porque debo decir que aquí no hay vencedores ni vencidos. Ahora, los que estaban en contra de la idea sólo tienen que meterse en nuestro común denominador. Respeto las ideas de quienes votaron No, ¡pero en adelante no se les va a aguantar ninguna!

Pinochet permaneció sin salir del país casi tres años. Pero aún le quedaban ganas de viajar. El 21 de marzo de 1980 voló junto a una nutrida comitiva rumbo a las islas Fiji y Filipinas. La invitación había sido extendida por el dictador filipino Ferdinando Marcos en 1977, después de que el entonces ministro de economía chileno Pablo Baraona viajara a ese país para estimular los intercambios comerciales.

Una semana antes de que Pinochet se subiera al avión, los sindicatos filipinos distribuyeron un manifiesto en el que acusaban al régimen chileno de haber matado a miles de disidentes. El líder sindical filipino Bonifacio Tupaz calificó a Pinochet como "plaga de la humanidad que profanaría nuestras costas". El clima estaba tenso. Pero Pinochet confiaba en el buen juicio de su colega Marcos. La cosa ya en Fiji, sin embargo, comenzó bastante mal. El 25 de marzo informó el diario *El Mercurio*:

> A1 llegar al aeropuerto de Nandi (Fiji), a las 23:30 horas del sábado 22, hora local, y cuando los periodistas, fotógrafos y camarógrafos se disponían a bajar rápidamente por la puerta posterior, un auxiliar pidió que nadie se levantara de sus asientos y, tras cartón, apareció un fijiano, de imponente aspecto, que con un spray roció el avión y sus ocupantes, cual vulgares mosquitos, sin dar ninguna explicación y con rostro inexpresivo, ya que ni miró a los pasajeros. Una vez "fumigados", se trató de salir por la puerta delantera, ya que se informó que no se pondría la escalera trasera debido a un boicot declarado por los trabajadores del aeropuerto en contra de la visita del mandatario chileno. Posteriormente el mandatario descendió y fue saludado formalmente por una autoridad local, tras lo

cual de inmediato hizo abandono del aeropuerto y se dirigió al Hotel Regent.

En el trayecto, un policía de la escolta recibió un huevo en pleno rostro, pero no perdió la compostura. Luego un reducido número de manifestantes (se calcula el número en cuatro mil) lanzó consignas en fijiano, que nadie entendía.

Las dificultades para los periodistas y funcionarios chilenos continuaron cuando ingresaron a Policía Internacional y les fue pedida la visa, pese a llevar pasaporte oficial. Este trámite demoró largo rato, ante la indolencia de los escasos funcionarios, que seguían hablando en fijiano y no les preocupaba entender las explicaciones incluso en inglés.

Cerca de las tres se supo que la gira había sido cancelada, lo que provocó el unánime desconcierto inicial de los reporteros.

Luego trascendieron algunos entretelones. Así, por ejemplo, que el avión no contaría con abastecimiento de combustible y alimentación para continuar viaje, lo que provocaba una situación en extremo delicada, pues la navegación aérea sobre el mar presenta mayores problemas al carecer de sitios de aterrizaje ante una eventual emergencia.

Los diarios fijianos del domingo *Sunday Times* y *Sunday Sun* destacaron con títulos de primera página la cancelación de la gira a Filipinas. En uno de ellos apareció un aviso de página entera protestando por la visita del jefe de Estado chileno y llamando a una concentración en su contra. Este aviso, que apareció varios días seguidos, aparecía firmado por organizaciones de comercio y juveniles.

El desconcierto de Pinochet, en las primeras horas, era tremendo. El jefe de información de Marcos, Greg Cendana, informó que la visita había sido cancelada "porque el Presidente Marcos debe dejar la ciudad por un asunto urgente y apremiante", y no por razones de salud: "Marcos se encuentra bien y está trabajando en el Palacio el problema de la proliferación de revistas pornográficas en Manila".

Pinochet y su comitiva abordaron nuevamente el avión y enfilaron hacia Santiago.

Pelayo Llamas, embajador de Filipinas en Argentina y jefe de la misión diplomática de su país en Chile, dijo a la prensa que la suspensión de la gira se decidió por razones de seguridad:

-Filipinas no puede devolver un cadáver a Chile. Entre dos males, la muerte o la cancelación de la visita, prefiero el menor.

-¿Esto quiere decir que el gobierno filipino no es capaz de garantizar la seguridad de un Presidente extranjero que visita su territorio?

-El gobierno filipino estuvo en condiciones de garantizar la seguridad del Presidente chileno, y como precaución se le pidió que no usara su uniforme militar, lo que él no aceptó. Y salir con un traje rojo es como provocar al toro. En todo caso, no es la primera vez que Filipinas sufre un acontecimiento así. Cuando fue el Santo Padre a nuestro país, donde hay cuarenta y cinco millones de católicos, fue atacado por un pintor boliviano y se salvó gracias a los conocimientos de karate del Presidente Marcos.

El empresario chileno Guillermo Elton, indignado, se transformó en director de la "Comisión

Coordinadora de la Recepción del Presidente de la República" y señaló que se prepararían "espontáneas manifestaciones de adhesión a Pinochet" en su retorno a Santiago. Cuando el general llegó a Chile, se encontró ante miles de personas que lo aguardaban en el aeropuerto, y debió improvisar un discurso. Al cabo de un rato, ante las masas rugientes, tras un inicio vacilante, Pinochet rompió con todas las previsiones cuando dijo:

-Quiero expresar que en este momento yo no puedo aceptar una bofetada a mi país y por eso... por eso ¡voy a romper relaciones con Filipinas!

La multitud sonó atronadora, con gritos de "mano dura Pinochet". El primer magullado fue el entonces canciller Hernán Cubillos. Debió abandonar de inmediato el cargo. Pero fue el único. Y Pinochet nunca rompió relaciones con Filipinas. Y los viajes, hasta nueva orden, se habían terminado. Sólo después de iniciada la transición, en 1990, Pinochet se atrevió nuevamente a cruzar las fronteras, viajes militares, a menudo marcados por requiebros de la salud. The London Clinic, en 1998, sería el episodio final. El último eslabón. El último viaje de su vida.

Capítulo 9
La transición y el blanqueo

Cuando se inició 1998, todo indicaba que los objetivos de Pinochet, en Chile, se habían cumplido cabalmente. Era asombroso. Los años y las décadas habían ido pasando y, en ese momento, parecía que el hombre, ahora más canoso y más lento que antes, pero enérgico como siempre, viviría sus últimos años convertido en una suerte de patriarca castigador y querendón al mismo tiempo, el abuelo omnipresente de todos los chilenos: había operado, en el país, una amnesia brutal, un blanqueo en toda regla. Por lo demás, si alguno quería recordar el horror del dictador con su ferocidad y su sarcasmo, no tenía dónde expresarlo en un país lacerado, obsesionado con el consenso, un país que se empeñaba y se empeña en la ciega estrategia del avestruz.

Asombro de asombros: el general incluso se daba el lujo de exhibir credenciales democráticas. Unas credenciales dudosas, diseñadas en la trastienda de algún tugurio trasnochado, pero presentadas con toda la pompa oficial por los propios gobiernos democráticos que encabezaron la transición desde 1990. Pinochet hablaba de democracia, juzgaba la transición, tomaba tecitos con las nuevas autoridades. Porque era eso: sus partidarios y asesores no tenían los medios para imponerle por sí solos este remozado talante; el nuevo traje democrático se había ido diseñando con la anuencia, cuando no la franca complicidad, de la Concertación de Partidos por la Democracia. El sociólogo Eugenio Tironi, uno de los ideólogos del gobierno de Aylwin, fue uno de los primeros en reivindicar la "obra" del régimen militar cuando afirmó, en 1990, en la revista Mundo Diners, que la revolución que él había soñado -como ex izquierdista- la había realizado Pinochet. "Se había modificado muy profundamente la economía chilena, en forma irreversible; se había producido una desestatización progresiva y la gente, aunque estaba sometida a muchas tensiones, era más libre", dijo.

¿Qué había ido ocurriendo? ¿Qué misteriosa mutación fue operando en la transición política que se inició con tantas expectativas, con tanta ilusión, con tanto apoyo popular en ese 1990? ¿Cómo se las arregló Pinochet para acabar siendo aceptado como un protagonista ineludible, dueño de tremendas y oscuras zonas de poder y decisión y amedrentamiento, elogiado y legitimado por las nuevas autoridades? La situación, en rigor, comenzó a gestarse con el establecimiento de la Constitución de 1980, y se concretó a fines de 1988, cuando el propio Pinochet comprendió que sus días estaban contados e inició una minuciosa labor de "amarres" legales, urdidos en la mayor de las ilegalidades, que terminaron por hacer de la democracia una democracia tutelada, infestada de cortapisas y enclaves dictatoriales, y sin que esto provocara ninguna oposición significativa de parte del gobierno de Aylwin ni (menos todavía) el de Frei.

Algunos de los amarres fundamentales afectaron al sistema electoral (establecimiento de un sistema binominal que ha beneficiado ampliamente a la derecha[1]), al institucional (como el nombramiento a dedo de senadores designados) y al funcionamiento y financiamiento de las Fuerzas Armadas: desde ese momento comenzaron a embolsarse por ley nada menos que el diez por ciento de los millonarios ingresos de Codelco (hasta entonces y desde hacía décadas se habían llevado el diez por ciento, pero sólo de las ganancias). Y como si fuera poco quedó establecido el hecho sin precedentes de que el Presidente de Chile dejaba de tener atribuciones para dar de baja a ningún Comandante en Jefe.

En su notable libro *Crónica de la transición*, el periodista Rafael Otano describe otros aspectos de esa operación de finales de la dictadura:

1   El sistema binominal permite elegir uno de dos parlamentarios por cincunscripción con la mitad más uno de los votos en relación al candidato (o la lista) más votado(a). De esta manera, la derecha ha obtenido, siendo minoría, una representación proporcional en el parlamento muy superior a la que habría tenido de acuerdo a su caudal electoral.

Paralelamente a la campaña electoral, Pinochet y su entorno creaban los dispositivos para una eventual salida del poder, dejando la obra del régimen resguardada contra tentaciones reformistas de los siguientes gobiernos. Se efectuó una privatización intensiva de empresas del Estado, que produjo enriquecimiento en algunas personas y grupos cercanos al régimen que, en adelante, guardaron por Pinochet y su obra una fidelidad absoluta y constituyeron la guardia pretoriana del modelo económico y social. Se promulgaron leyes fundamentales, algunas de ellas en las últimas semanas: entre otras, la Ley del Estado Empresario, la Ley Orgánica de Educación, la Ley Codelco, la Ley de la Administración de la Justicia, la Ley Electoral y, la más significativa, la Ley del Banco Central.

Hubo además como doscientas leyes secretas. Muchas se ellas se referían a ventajas económicas para las Fuerzas Armadas o adquisiciones de éstas que el ejecutivo consideraba poco oportuno hacer públicas, y que constituyeron otro capítulo del rearme económico y logístico de los militares ante los tiempos que se venían.

Más aún: para que quedase bien claro que se hacía una entrega de poder condicionada, el 23 de agosto de 1989 Pinochet enunció solemnemente nueve exigencias para el nuevo gobierno:

-El cumplimiento de las propias funciones establecidas para las Fuerzas Armadas en su espíritu y en su letra.

-La inamovilidad de los actuales Comandantes en Jefe de las Fuerzas Armadas.

-Velar por el prestigio de las Fuerzas Armadas y de Orden, e impedir los intentos de represalias hacia sus miembros por razones de orden político.

-Impulsar y desarrollar las acciones que se estimen necesarias para evitar la propagación de la "lucha de clases" en cualquiera de sus formas.

-Respetar las opiniones y solicitudes de informes que emanen del Consejo de Seguridad Nacional, conforme a las atribuciones que la Constitución Política le señala.

-Mantener la plena vigencia de la Ley de Amnistía.

-Abstenerse el poder político de una intervención improcedente en cuanto a la definición y aplicación de la política de defensa.

-Respetar la competencia de la judicatura militar conforme lo establecen las normas constitucionales vigentes.

Todo el mundo comprendió que las autoridades que asumieron en 1990 se habían visto forzadas a aceptar *ciertas* reglas antidemocráticas (aunque nadie *nunca* dijo cuáles, ni por qué; todo se hizo a oscuras, sin transparencia). Pero lo que ninguno imaginó ni en sus peores sueños fue que, con la excusa de estas limitantes, los nuevos gobernantes no sólo aceptaron sino que contribuyeron, a menudo con auténtico y desconcertante entusiasmo, al blanqueo actual de Pinochet y de sus colaboradores, que puso en evidencia la cesión progresiva de espacios democráticos: las libertades en Chile, en esta última década, en lugar de avanzar han ido hacia atrás; el país se ha llenado de censuras, límites y prohibiciones, además de prebendas múltiples sólo para un sector de la población, cuyo comportamiento se asemeja cada día más al de simples dueños de un fundo llamado Chile.

Una de las *movidas* decisivas se desarrolló en los medios de comunicación, que terminaron casi en su totalidad en manos de empresarios hiperconservadores, cuya caricatura es una especie de ayatollah católico llamado Ricardo Claro. Revistas que habían disentido del régimen de Pinochet, como *Análisis*, *Cauce* y *Apsi*, debieron cerrar a poco de iniciada la transición[2]:

"Si no fueron capaces de enfrentar las exigencias del mercado, no tienen por qué sobrevivir", se arguyó desde el gobierno de la Concertación. Pero no se dijo que poco antes del término de la dictadura habían sido rescatados de la ruina diarios como *El Mercurio* y *La Tercera*, mediante inyecciones de millones de dólares pagados con las contribuciones de todos los chilenos; y tampoco se dijo que la decimonónica clase empresarial chilena mantuvo la estrategia de tiempos de la dictadura de no publicar avisos en estos medios, con lo cual los condenaba al hundimiento.

2   Las revistas *Análisis*, *Cauce* y *Apsi* surgieron durante el régimen militar y constituyeron un importante espacio opositor. Análisis fue creada a fines de 1977 por sectores progresistas vinculados a la Iglesia Católica. Cauce nacida en diciembre de 1983, respondió a una iniciativa de empresarios socialdemócratas. Apsi apareció en Junio de 1976 a partir de una asociación de profesionales de varias disciplinas. Durante la dictadura recibieron ayuda económica fundamentalmente externa, que terminó una vez que se inició la transición a la democracia en 1990. El periodista Juan Pablo Cárdenas, director de Análisis (que dejó de circular en 1992), sostuvo que "el tiempo nos ha aclarado que el cierre de ésta y otras publicaciones fue uno de los acuerdos secretos entre los negociadores civiles y la dictadura que tanto habíamos acosado" (*Contigo en la distancia. Crónicas diplomáticas*).

También la televisión quedó en manos de esos empresarios. Una excepción fue Televisión Nacional, el canal más importante del país, cuyo directorio fue conformado por representantes de distintas tendencias, desde la ultraderecha hasta los socialistas, nombrados por el Estado. Sin embargo, con este canal ocurrió algo insólito que a la postre resultó emblemático de los nuevos tiempos: al comienzo, en 1990, pareció que iría recuperando y abriendo nuevos espacios, nuevos debates, nuevos aires, pero a poco andar sus propios periodistas advirtieron que esos espacios se iban cerrando, se tornaban más restringidos, hasta llegar a la sofocante situación actual.

Bajo la presión de los militares, de la Iglesia Católica (cuyos prelados cobraban una cuenta -la defensa de los derechos humanos durante la dictadura- que se habían ganado a pulso otros sacerdotes, en su mayoría condenados ahora al ostracismo) y de sectores importantes del principal partido gobernante, la Democracia Cristiana, se inició una auténtica purga: nada de libertades, demonización de cualquier tipo de "destape". Prácticamente en todos los medios masivos comenzó a aplicarse un severo control en temas de índole social, política y, sobre todo, moral. Cualquier manifestación relativamente liberal era recogida en carácter de escándalo por la prensa. Incluso Chile se ha dado el lujo de ser el único país del mundo occidental que censura la televisión por cable, no vaya a aparecer algún condón o algún trasero. Y así en la prensa escrita y en la televisión siguieron enquistados los mismos comunicadores que habían sido la cara del régimen de Pinochet. Y lo increíble es que no pocos profesionales que se habían enfrentado a la dictadura comenzaron a ser solapadamente castigados o alejados de los puestos importantes precisamente por haber actuado como lo hicieron durante el régimen militar.

El desolador panorama de los medios de comunicación es sólo un ejemplo de cómo la transición democrática nunca despegó realmente. Los ciudadanos se habían ido acostumbrando a la omisión, el doble discurso, el miedo, las mentiras más burdas presentadas como verdades incontestables, y así se fueron creando las condiciones para el grotesco escenario que el resto del mundo observaría con perplejidad cuando Pinochet fue detenido en Londres: las manifestaciones fascistoides de los seguidores del general a nadie en Chile sorprendieron. Pero sí al resto del mundo.

Sin embargo, durante la segunda mitad de esta década han ido creciendo en la población el desasosiego y el malestar. Son cada vez menos los que se creen el cuento del "milagro económico" y la "transición ejemplar", y más bien comienza a imponerse una sensación extendida de fraude e impostura. El sociólogo Tomás Moulián se transformó en protagonista de este estado de ánimo cuando su libro *Chile actual, anatomía de un mito* (donde expone la metáfora de una "jaula de hierro", en una dura crítica al continuismo de los nuevos gobiernos en relación al régimen de Pinochet) se convirtió en un auténtico fenómeno de ventas, contra todo pronóstico, en 1997.

Eso era: el malestar se estaba instalando con propiedad en el país, pero Pinochet continuaba intocado e intocable, cada vez más cerca de la efigie o la estatua. Llegó 1998, sin embargo, y la falacia comenzó a desmoronarse. La primera zozobra fue una acusación constitucional contra Pinochet presentada por algunos diputados concertacionistas, que los mandos mayores de sus partidos naturalmente se encargaron de abortar. Y luego vino lo de Londres, que tuvo el mérito de obligar a los chilenos a quitarse las máscaras y exhibir el esperpento en que se habían ido convirtiendo, comenzando por Frei y su gobierno, con un canciller que se dedicó a manipular a su antojo la historia reciente para defender con uñas y dientes al viejo dictador.

Cuando abandonó el gobierno de Pinochet, el general retirado Nicanor Díaz Estrada[3] relató cómo se habían ido comprometiendo los militares con la clase empresarial chilena:

> Cuando hablamos de la relación de las Fuerzas Armadas con civiles, hay que considerar que el sueldo de un militar no le permitía llevar una vida muy ostentosa; no es hombre que pueda ir a almor-

3   Nicanor Díaz Estrada era General de la FACH al momento del Golpe de Estado. desde el 11 de septiembre de 1973 hasta abril de 1974 fue coordinador de los Servicios de Inteligencia de todas las ramas de las FF.AA. Fue nombrado Ministro de Trabajo en julio de 1974, cargo que desempeñó hasta marzo de 1976. Pasó a retiro en julio de 1978 debido a la destitución de Gustavo Leight.

zar una vez a la semana al Club de la Unión, ni ser socio del Club de Polo, ni del Club de Equitación, porque los costos son muy altos. Entonces, los empresarios, utilizando una cuestión muy humana, empezaron a acercarse a aquellos militares que tenían responsabilidades en la parte económica, en la Corfo, etcétera, y los convidaban, hoy al Club de Polo, mañana al Club de Golf, al otro día al Club de la Unión, y el tipo con su sueldo no podía retribuir esas invitaciones, y entonces los militares comenzaron a sentirse comprometidos con esos empresarios que los trataban a cuerpo de rey y que los hacían sentirse como iguales a ellos. Los empresarios preparan así el terreno para tenerlos a su lado. Algunos militares creyeron que iban a ser siempre amigos de los empresarios y no se daban cuenta de que apenas perdieran la pega dejaban de serlo. A mí cuántas veces me trataron de atraer en esa forma, y eso que yo no tenía nada que ver con los fondos, sólo con la parte laboral.

Hoy, el relato de Díaz Estrada adquiere un nuevo sentido, porque los empresarios han utilizado exactamente la misma estrategia con los gobiernos de la Concertación: funcionarios de primera, segunda y tercera fila comenzaron a ser cooptados por la clase empresarial, que los hizo participar en sus empresas o los situó estratégicamente en directorios, con lo cual los fue neutralizando o haciéndolos directamente sus cómplices. Los militares y los empresarios mantuvieron su vieja alianza, pero ahora cuentan, además, con el apoyo incondicional de un número insospechado de funcionarios de los gobiernos democráticos. Esta situación -que en cualquier país del mundo se llama corrupción, cuando menos moral- no explica todo, pero sí muchas cosas. Entre otras, que Pinochet haya estado a punto de pasar la vejez más tranquila del mundo y quedar, en Chile, limpio de crímenes, de abusos, de torturas.

Epílogo

"Hay, y ha habido, y habrá, el caso de personas que encarnan en vida y en muerte emociones primordiales que movilizan para bien o mal de los pecados a los seres vivos, alterando incluso los hechos para acomodarlos a su atroz parusía", afirma Armando Uribe en el libro *El accidente Pinochet*, escrito en colaboración con el filósofo y poeta Miguel Vicuña.

Así ha ocurrido. Ha sido un cuarto de siglo (un cuarto de siglo *de nuestras vidas*) con el personaje secretando su saliva en todos los rincones del país y haciendo guiños sardónicos en el espejo. El eslabón inicial es la imagen feroz de las gafas oscuras el 73; luego viene el ejecutor implacable emitiendo órdenes a destajo encerrado en su búnker; y más tarde la grotesca operación publicitaria que pretendió transformarlo en un anciano bonachón: el "tata". Lo afirmó el diario del episcopado italiano, *Avvenire*, que por cierto nada tiene de incendiario, en 1988: "Pinochet goza de una cualidad que también tenía Stalin, la de poder aparecer en fotografías como buen papá, mostrando sus bigotes y evidenciando seguridad, exhibido mientras abraza niños, sonríe a mujeres, saluda a los trabajadores y abraza la bandera, un escenario que también Mussolini y Hitler supieron explotar muy bien".

Parecía un idilio. Pero todo se fue al carajo cuando Pinochet fue encarcelado en Londres. Los muertos siguen hablando bajo la cal, y lo seguirán haciendo mientras aquellos que los mataron con cobardía y crueldad no se acuerden del honor y asuman lo ocurrido. Nada que hacer. Porque *lo ocurrido* ha afectado también a los que quedaron vivos (que por ahora, y esto es lo trágico, no tienen voz, todavía menos que los muertos): miles de torturados, presos y vejados, miles que perdieron familiares y el trabajo y muchas otras cosas sólo por pensar como pensaban, o por usar el pelo largo, o por haber cometido el crimen de ejercer como profesores primarios o afiliarse en un sindicato. Cuántas familias trituradas por el exilio: ¿quién no ha pensado en esos cientos de miles de chilenos que debieron partir para no volver, o -peor aún- que quisieron volver pero fueron repelidos por una sociedad que los negaba porque ellos le recordaban algo que sencillamente se empecinaba en olvidar? El *accidente* Pinochet ha dejado el descalabro: un país enfermo, obtuso y encanallado. Un país en el que no se debaten las ideas, sino que se califica o descalifica: eso es fascismo. Un país que no funciona sobre la base de esperanzas o anhelos, sino del miedo: eso es fascismo. Un país donde se impone por la fuerza un consenso postizo que no logra ocultar bajo la alfombra la agresividad cotidiana y la violencia que emerge bestial a la primera de cambio: eso es fascismo. Un país donde cotidianamente se perpetran los discursos más irracionales, y nadie puede replicar: eso es fascismo. Un país plagado de manifestaciones supersticiosas que pretenden explicarlo y ordenarlo todo con la sucia coartada de que se está hablando de religión: eso es fascismo.

En su libro *El Chile perplejo: del avanzar sin transar al transar sin parar*, Alfredo Jocelyn-Holt afirma:

> Pinochet es ante todo un *sobreviviente*. Logró esquivar las dudas de Allende para que lo nombraran en el cargo. Superó los resquemores que otros jefes militares albergaban sobre su persona durante la preparación final del golpe. Sobrevivió la etapa colegiada de la Junta; sobrevivió la caída de los generales Leigh y Mendoza, miembros originales de ésta; superó dos fuertes crisis económicas durante su gobierno; la campaña en su contra desde el exterior; las protestas de los años 80; al menos un atentado a su vida; la derrota en el plebiscito de 1988; las investigaciones que por *razón de estado* no se han podido llevar a cabo sobre manejos económicos dudosos de uno de sus hijos; las sospechas de que él siempre estuvo detrás de la DINA y Contreras; la acusación constitucional... Sobrevivió a Allende, Prats, dos ministros de Defensa bajo cuyo mandato estuvo subordinado, también al general Bonilla, todos ellos muertos, salvo uno (Allende) en circunstancias que aún no se aclaran. Sobrevive una y otra vez a la Concertación. Ha sido

el soldado que más tiempo ha estado en el Ejército chileno; sobrevivió todos los escalafones, las privaciones, los destinos, las humillaciones, los marcapasos, las órdenes -¡cuántas órdenes!- de los demás.

Eso es: Pinochet ha sido el ubicuo, el embozado. El hombre que no exhibía ninguna carta, que callaba, que no asomaba la cabeza, hasta que advertía que la situación le era propicia: entonces lanzaba, con brutalidad, el zarpazo. Pinochet ha estado en todas partes, se las ha ingeniado para sobrevivir a todas las transformaciones. Cuando hubo que traicionar a Allende y a Prats, lo hizo; cuando hubo que traicionar las proclamas de la Junta que lo llevó al poder, lo hizo. Ahora incluso amenaza con traicionar al propio Lavín y a sus hijos políticos, apoyando a un candidato democratacristiano: hará esto y lo que sea cada vez que sea necesario. Sí: lo suyo es sobrevivir.

Cabe concebir la hipótesis garciamarquiana de que Pinochet nos sobreviva a todos, porque se convirtió en prototipo universal. En enero de 1978, un policía italiano, Eugenio D'Alberto, debió comparecer ante los tribunales de su país por haber proferido "una ofensa imperdonable" a sus superiores. D'Alberto había dicho que no eran buenos los modales de "varios Pinochet" de la policía de Chienti y Aguilla. Fue suficiente para su condena: el tribunal dictaminó que el término Pinochet "constituye elemento de identificación y al mismo tiempo calificación injuriosa; indica no sólo que uno ejerce como jefe de una organización, sino que el gobierno de tal organización adopta métodos de naturaleza autoritaria y represiva".

Como Hitler, el sueño último de Pinochet fue la inmortalidad. Como Hitler, lo consiguió. Vaya si lo consiguió.

Prensa y libros consultados

Libros

ALLENDE. Colección Grandes Documentos de la Historia, Holanda, 1995.

ARAYA VILLEGAS, M.: *Perfiles de honor*, Santiago, 1984.

BITAR, S.: *Isla 10*, Pehuén Editores, Santiago, 1987.

CABEZAS, IVÁN Y VÍCTOR OSORIO: *Los hijos de Pinochet*, Planeta, Santiago, 1995.

CÁRDENAS, JUAN PABLO: *Contigo en la distancia. (Crónicas diplomáticas)*, Cuarto Propio, Santiago, 1998.

CAVALLO, ASCANIO, SALAZAR, M. Y SEPÚLVEDA, O.: *La historia oculta del régimen militar*, Ediciones La Época, Santiago, 1988.

CORREA, R. Y SUBERCASEAUX, E. *Ego Sum*, Planeta, Santiago, 1996.

ESPINOZA, V., PAZ ROJAS, H. Y URQUIETA, J.: *Tarde pero llega. Pinochet ante la justicia española*, LOM Ediciones-CODEPU, Santiago, 1998.

GARRETÓN, M. A., R. y C.: *Por la fuerza sin razón. Análisis de textos de los bandos de la Dictadura Militar*, LOM Ediciones, Santiago, 1998.

GREENE, G.: *Descubriendo al General Torrijos*, Emecé Editores, Buenos Aires, 1985.

HITLER, A. *Mi lucha.*

Informe de la Comisión Verdad y Reconciliación (texto oficial), Edición especial de la Empresa Periodística La Nación, Santiago, 1991.

MAIRA, L.: *La Constitución de 1980 y la ruptura democrática*, Editorial Emisión, Santiago, 1980.

MARÍN, G.: *Las cien Aguilas*, Planeta, Santiago, 1997.

MARRAS, S.: *Confesiones*, Ornitorrinco, Santiago, 1988.

OTANO, R.: *Crónica de la transición*, Planeta, Santiago, 1995.

PINEDA DE CASTRO, A.: *Pinochet: verdad y ficción*, Vassallo de Mumbert Editor, Madrid, 1981.

PINOCHET, A.: *Política, politiquería y demagogia*, Editorial Renacimiento, Santiago, 1983.

— *El día decisivo*, Editorial Andrés Bello, Quinta Edición, Santiago, 1984.

— *Geopolítica*, Editorial Andrés Bello, Santiago, 1984.

— *La Guerra del Pacífico*, Campaña de Tarapacá, Editorial Andrés Bello, Santiago, 1984.

— *Camino recorrido*, Geniart, Santiago, 1994.

PINOCHET, L.: *Pionero del mañana, Tomorrow's Pioneer, Biografía ilustrada de mi padre*, autoedición, Santiago, 1996.

POLITZER, P.: *Miedo en Chile*, CESOC, Ediciones Chile y América, Santiago, 1986.

PRATS, C.: *Memorias de un soldado*, Pehuén Editores, Santiago, 1985.

SALINAS, L.: *Sursum Corda*, Editorial Todos, Santiago, 1984.

SERRANO, M.: A*dolfo Hitler, el último Avatāra*, Editorial Solar.

URIBE, A.: *Carta abierta a Patricio Aylwin*, Planeta, Santiago, 1998.

URIBE, A. Y VICUÑA, M.: *El accidente Pinochet*, Editorial Sudamericana, Santiago, 1999.

VERDUGO, P.: *Los zarpazos del puma*, CESOC, Ediciones Chile-América, Santiago, 1989,

Interferencia secreta. 11 de Septiembre de 1973, Editorial Sudamericana, Santiago, 1998.

Diarios

El Cronista

- 25 de noviembre de 1975

- 23 de abril de 1976

- 28 de abril de 1976

- 5 de septiembre de 1977

- 8 de septiembre de 1977

El Mercurio

- *Revista del Domingo*, 3 de febrero de 1974

- 14 de marzo de 1974

- 20 de marzo de 1974

- 6 de mayo de 1974

- 15 de mayo de 1974

- 3 de enero de 1978

- 5 de enero de 1978

- 22 de marzo de 1980

- 23 de marzo de 1980

- 25 de marzo de 1980

- 27 de marzo de 1980

Fortín Mapocho

- N° 371, 21 de julio de 1986

La Segunda

- 16 de mayo de 1974

- 17 de mayo de 1974

- 29 de agosto de 1974

- 20 de abril de 1976

- 22 de abril de 1976

- 23 de abril de 1976

- 24 de marzo de 1980

- 15 de abril de 1981

La Tercera

- 20 de abril de 1975

- 21 de noviembre de 1975

- 24 de noviembre de 1975

- 21 de abril de 1976

- 22 de abril de 1976

- 22 de marzo de 1980

- 24 de marzo de 1980

- 26 de marzo de 1980

- 8 de marzo de 1981

Las Ultimas Noticias

- 14 de mayo de 1974

- 16 de mayo de 1974

- 17 de mayo de 1974

- 5 de enero de 1978

- 22 de marzo de 1980

Puro Chile

- 5 de diciembre de 1971

Revistas

Análisis

- N° 109, 24 de septiembre de 1985

- N° 122, 24 de diciembre de 1985

- Edición Especial "Fuerzas Armadas",
24 de julio de 1986

Apsi

- N° 161, 9 de septiembre de 1985

- N° 173, 24 de febrero de 1986

- Especial, marzo de 1990

- Especial, marzo de 1991

- 4 al 17 de abril de 1994

Cauce

- 17 de enero de 1984

- Mayo de 1984

- N° 14, 12 de junio de 1984

- N° 45, 22 de octubre de 1985

Cosas

- N° 78, septiembre de 1979

- N° 85, 3 de enero de 1980

- N° 96, junio de 1980

- N° 125, junio de 1981

-N° 133, noviembre de 1981

- N° 214, diciembre de 1984

- N° 218, febrero de 1985

- Septiembre de 1985

Ercilla

- 13 de marzo de 1974

- 20 de agosto de 1975

- 26 de noviembre de 1975

- 29 de abril de 1976

- 18 de mayo de 1977

- 7 de septiembre de 1977

- N° 2.322, 30 de enero de 1980

- N° 2.550, 13 de junio de 1984

Hoy

- N° 260, 14 de julio de 1982

- N° 477, 10 de diciembre de 1980

Newsweek

- 18 de marzo de 1998

Qué Pasa

- 24 de abril de 1975

- N°351, 6 de enero de 1978

- N° 492, 12 de septiembre de 1980

- N° 544, 10 de septiembre de 1981

- N° 782, 24 de abril de 1986

- N° 1.437, 24 de octubre de 1998

Revista del Sur (Uruguay)

- 1998, primer semestre

Revista militar *Estrategia*

- Instituto Argentino de Estudios Estratégicos y de las Relaciones Internacionales, N° 24, Buenos Aires, septiembre-octubre de 1973.

El País Internacional (Madrid)

- 25 de noviembre de 1985